日本人が知りたい

中国人の当たり前

中国語リーディング

林 松濤、王 怡韡、舩山明音 著

SANSHUSHA

はじめに

　中国各地を旅行したり、日本国内で中国人とつきあったりすると、自然に中国人の行動パターンに興味が湧くのではないでしょうか。「こういう所が好き！」「こう考えるんだ！」「ここは日本人と違う！」という新発見で仲間と話に花を咲かせることがあるでしょう。ただ、それを中国人に話してみると、「それは南方の習慣だよ」「父の世代はこうだったかもしれないけど」と否定されることもよくあると思います。

　中国は広く、歴史も長い。いろいろな民族が暮らしていて、台湾や香港の人は違う制度で育ってきています。さらに世界のいろいろな国に住んでいる中華系の人たちは、世代によって中国文化との距離感も違います。

　そこで、中国人の考え方を本当に知りたいなら、歴史の変遷、地域文化の差、文化の風習と現在の制度に目を向ける必要があります。

　本書では、今さら聞けない基本的なことから、今ひとつ納得できないでいたことまで、100の疑問を解消します。中学・高校で習って知っている歴史や、聞きたいと思っていたけど聞けないでいたことも取り上げています。知っていることは中国語で書かれていても読みやすいですし、知りたいと思っていたことは、中国語でも楽しく読み進められるので、自然に中国語で読む力がついてきます。また、中国人と日本人の会話見本もあるので、使える例文を覚えれば、友達との会話が盛り上がるのではないでしょうか。

　「瀋陽生まれ、上海育ち、日本在住」「上海生まれ、上海在住」「日本生まれ日本在住」という生まれも育ちも国籍も世代も暮らす都市も違う3人で本を作りました。その過程で、それぞれが思っている「中国人の当たり前」の違いが明らかになり、驚きの連続でした。伝統的な中国の風習を当たり前と思い込んでいたのに、今ではもう影を潜めているとか、日中の違いを探っているのに、中国国内の違いの方が大きく、むしろ中国のある地域と日本の方が似ているとか、中国の若い世代も分からない特殊な時代のこととか。中国の多様性からくる複雑さを改めて思い知ることになりました。

　人は生まれる地域や文化を選べません。でも、生きてきた環境への愛着はみんな同じです。そこから複雑なアイデンティティーができあがっているので、この本の「中国の当たり前」が決して唯一の正解ではありませんが、皆さんの中国人観察の一助になれば幸いです。

林　　松　涛
王　　怡　韡
舩　山　明　音

この本の構成

日常生活、地理歴史、現代社会、文化芸術、その他の5分野から50のテーマを選び、100の質問を挙げています。それぞれ、「記事」と「会話」からなり、章末にはテーマに関するキーワードをまとめました。

記事編

最初の2ページは、中国に関してみなさんが関心のあるテーマについてです。単語のヒントがあるので、初めてリーディングにチャレンジする方にも向いています。

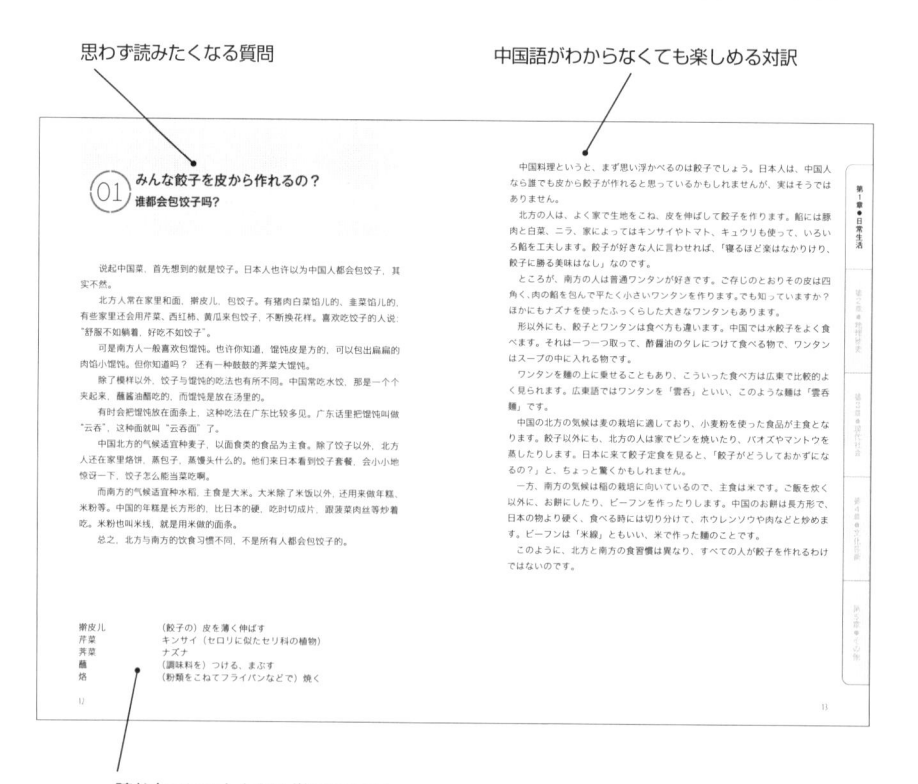

思わず読みたくなる質問

中国語がわからなくても楽しめる対訳

読む上でヒントとなる単語のリスト

会話編

次の2ページでは、このテーマで中国人と話したらどんな質問が可能か、会話をシミュレーション。会話の展開例は中級者も参考になります。

今さら聞けない質問からいつか聞きたかった質問まで

不吃煎的饺子吗?

日 我们日本人吃"煎饺子",中国人不吃吗?

中 中国人也吃煎的饺子,不过不像日本人这么常吃。煎饺子应该说有两种。一种是把煮好的水饺用油煎一下,这叫"煎饺"。另一种叫"锅贴",是用生的饺子直接煎成的。这比较像日本的"煎饺子",一般在点心店里卖。

日 以前去北京旅游时,不知道怎么点饺子。我叫了1斤,没想到来了满满一大盘。

中 哈哈,中国的饺子是按份量卖的。一个人吃的话,1斤是吃不掉的,叫2、3两就可以了。1两是50克。

日 这么一说,我想起来了。小笼包也特好吃。我将第一次是在横滨吃的。那天我还吃了"煎小笼包"。

中 "煎小笼包"?是"生煎馒头"。这是在上海很大众化的一种点心。

日 "馒头"?跟日语里的"饅頭"一样吗?

中 啊,南方的说法跟北方的有些不同。南方的"○○馒头"是带馅儿的,而北方的"馒头"外表跟包子差不多,但里面没有馅。

日 没有馅儿的馒头?那好吃吗?

中 馒头是主食啊,是就着菜吃的。

日 我懂了,这就像西方人吃面包一样。

焼き餃子は食べないの?

日 日本人は焼き餃子を食べるけど、中国人は食べないの?

中 中国人も焼き餃子を食べるけど、日本人はどはよく食べないよ。焼き餃子には2種類あるんだ。茹でた餃子を油で少し焼いたのが「煎饺」。もう1つは「锅贴」といって、生の餃子を直接焼いた物。日本の「焼き餃子」みたいな物で、普通は点心の店で売っている。

日 前、北京に旅行に行った時、餃子の注文の仕方がよく分からなくて。「一斤」で頼んだら、なんと大きなお皿に山盛りいっぱい!

中 ハハハ。中国の餃子は、重さで売られてるんだ。1人前だと1斤はとても食べきれないから、2両か3両くらいから注文するといいよ。1両は50gのことだよ。

日 そういえば、ショーロンポーもすごくおいしいよね。最初は確か横浜で食べたよ。その日はショーロンポーも食べた。

中 焼きショーロンポー?「生煎馒头」だね。上海で人気のある点心だよ。

日 マントウ? 日本語の「饅頭」と同じなの?

中 ああ、北と南方ではいい方がちょっと違うんだ。南方の「○○マントウ」というのは餡が入って、北方のマントウは、外側はパオズとほとんど同じだけど、中に餡が入ってないんだ。

日 具の入ってないマントウ? おいしいの?

中 マントウは主食だから、おかずと一緒に食べるの。

日 分かった。西洋のパンと一緒だね。

中国人とのコミュニケーションですぐに役立つ会話例

キーワード

各章末に、本書で扱ったテーマに関するキーワードをまとめました。中国文化についてさらに理解が深まります。

目次

この本の構成 ·· 4

第1章　日常生活

1　みんな餃子を皮から作れるの？ ································ 12
　　焼き餃子は食べないの？

2　小籠包もケーキも「点心」？ ···································· 16
　　朝は何を食べるの？

3　北京料理・上海料理は中華料理の代表ではない？ ········ 20
　　夫婦が別の地方出身者なら、何料理を食べるの？

4　贈り物に薬？ ·· 24
　　「打包」してみたいんだけど？

5　北京の人は烏龍茶を飲まない？ ································ 28
　　今でも冷たいお茶は飲まないの？

6　どうしてあんなに乾杯したがるの？ ··························· 32
　　男性は仕事の後すぐ帰宅してご飯を作ってくれるの？

7　地方によって建物に特色があるのはなぜ？ ·················· 36
　　四合院や石庫門建築ってステキですよね？

8　タクシーも庶民の足代わり？ ···································· 40
　　いつもどうやって出勤しているの？

9　方言は一体いくつあるの？ ······································· 44
　　中国のテレビにはなぜ字幕がついてるの？

10　「国語」と「普通話」はどんな関係？ ······················· 48
　　日本語でなぜ「ベイジン」でなく「ペキン」なんだろう？

11　あいさつの仕方に迷うのですが…。 ·························· 52
　　「いただきます」って言いたくなったらどうすればいい？

12　伝統的な祭日には何をしているの？ ·························· 56
　　春節の休みは何をしているの？

13　政府が決めた祝日はどういう意味があるの？ ··············· 60
　　「女性の日」や「教師の日」には何をするの？

14　ハネムーンにカメラマンを連れて行くの！？ ……………… 64
　　　お葬式は白い服？
15　休みの日はどうやって過ごすの？ ……………………………… 68
　　　大人が公園に集まって何をしているの？
　キーワード① …………………………………………………………… 72

第2章　地理歴史

16　南方と北方の境界線はどこにある？ ………………………… 76
　　　「河」は黄河だけど、「山」といえばどこ？
17　市、省、区、県。日本の区分けと順番が違うよね？ ………… 80
　　　ナンバープレートの「冀」ってどこ？
18　なぜ「炎黄の子孫」というの？ ………………………………… 84
　　　誰でも知っている中国の昔話ってある？
19　なぜ「華夏の子孫」というの？ ………………………………… 88
　　　中国人は「龍の子孫！？」
20　なぜ「漢民族」ともいうの？ …………………………………… 92
　　　「漢語」と「中文」はどう違うの？
21　科挙制度は今の中国人の生活にも影響を与えてる？ ……… 96
　　　現代の受験戦争も、科挙に似ている？
22　日中の間にはどんな人が行き来してきたの？ ……………… 100
　　　国籍は日本でも中国人？
23　文化大革命って、ホントはよく分かってないかも？ ………… 104
　　　「下放」ってどういうこと？
24　香港・マカオ・台湾は歴史的にどう違う？ …………………… 108
　　　香港・マカオ・台湾では何語を話すの？
　キーワード② …………………………………………………………… 112

第3章　現代社会

25　共産党と国家はどんな関係？ ………………………………… 114
　　　中国って選挙はあるの？

26 戸籍を自由に変えられないの？ …………………………………… 118
　　どういうとき戸籍が変えられるの？
27 民族って何？ ………………………………………………………… 122
　　HSK はもともと外国人のための試験じゃなかったの？
28 職場環境はどんな感じ？ …………………………………………… 126
　　中国の就職活動って楽なの？
29 「80 後」「90 後」ってどんな世代？ ……………………………… 130
　　「80 後」と「90 後」、2 つの世代はどう違う？
30 医療や保険制度はどうなってるの？ ……………………………… 134
　　定年は日本より早いよね？
31 大学受験は一度しかしないの？ …………………………………… 138
　　飛び級があるってホント？
32 出版やネットの環境はどうなってるの？ ………………………… 142
　　電子書籍を読む人が多いの？
33 土地は国のもの？！ ………………………………………………… 146
　　何で住まないのに日本で家を買うの？
34 ネットで何を買っているの？ ……………………………………… 150
　　爆買いって、海外旅行のときだけじゃないの？
35 中国人って旅行が好きなの？ ……………………………………… 154
　　迷ってる中国人観光客に声を掛けてもいいのかな？

　　キーワード③ ……………………………………………………… 158

第 4 章　文化芸術

36 日本語と中国語にはなぜ意味の違う単語があるの？ ………… 160
　　台湾の人は簡体字が読めるものなの？
37 漢詩にはどういうものがある？ …………………………………… 164
　　みんな漢詩を暗唱できる？
38 漢文と現代文はどう違う？ ………………………………………… 168
　　日本で人気の曹操は中国では悪者なの？

39 日本のマンガやアニメが好きだよね？ ………………… 172
　　　中国のアニメを見る人もいるの？
40 演劇は京劇だけじゃない？ ……………………………… 176
　　　中国人には京劇の台詞が分かるの？
41 映画は時代によって大きく変わってるね。 …………… 180
　　　学校でカンフーの授業はあるの？
42 科学技術のレベルは？ …………………………………… 184
　　　中国でも AI の開発が進んでる？
43 それぞれの木や花に抱くイメージは違う？ …………… 188
　　　縁起のいい動物って何？

　　キーワード④ ……………………………………………… 192

第5章　その他

44 宗教を信じますか？ ……………………………………… 196
　　　道教ってよく分からないんだけど？
45 世界をどう見ている？ …………………………………… 200
　　　風水はどのくらい気にしてる？
46 「礼」って日本より複雑なの？ ………………………… 204
　　　「没事！」って言われれば、ホントに安心していいの？
47 「施」と「報」に基づいて行動してるって？ ………… 208
　　　みんな親の面倒を見てるの？
48 「面子」って何？ ………………………………………… 212
　　　バレンタインは「女の面子」がかかってる？
49 中国人の行動パターンは不安定な環境と関係がある？ ……… 216
　　　飛行機が遅れても日本人ほど慌てないような気がするけど？
50 決まり事をどう考えている？ …………………………… 220
　　　半年も先の約束はできない？

日常生活

第1章

日常生活

01 みんな餃子を皮から作れるの？
谁都会包饺子吗？

　　说起中国菜，首先想到的就是饺子。日本人也许以为中国人都会包饺子，其实不然。

　　北方人常在家里和面，擀皮儿，包饺子。有猪肉白菜馅儿的、韭菜馅儿的，有些家里还会用芹菜、西红柿、黄瓜来包饺子，不断换花样。喜欢吃饺子的人说："舒服不如躺着，好吃不如饺子"。

　　可是南方人一般喜欢包馄饨。也许你知道，馄饨皮是方的，可以包出扁扁的肉馅小馄饨。但你知道吗？ 还有一种鼓鼓的荠菜大馄饨。

　　除了模样以外，饺子与馄饨的吃法也有所不同。中国常吃水饺，那是一个个夹起来，蘸酱油醋吃的，而馄饨是放在汤里的。

　　有时会把馄饨放在面条上，这种吃法在广东比较多见。广东话里把馄饨叫做"云吞"，这种面就叫"云吞面"了。

　　中国北方的气候适宜种麦子，以面食类的食品为主食。除了饺子以外，北方人还在家里烙饼，蒸包子，蒸馒头什么的。他们来日本看到饺子套餐，会小小地惊讶一下，饺子怎么能当菜吃啊。

　　而南方的气候适宜种水稻，主食是大米。大米除了米饭以外，还用来做年糕、米粉等。中国的年糕是长方形的，比日本的硬，吃时切成片，跟菠菜肉丝等炒着吃。米粉也叫米线，就是用米做的面条。

　　总之，北方与南方的饮食习惯不同，不是所有人都会包饺子的。

擀皮儿　　　　　　（餃子の）皮を薄く伸ばす
芹菜　　　　　　　キンサイ（セロリに似たセリ科の植物）
荠菜　　　　　　　ナズナ
蘸　　　　　　　　（調味料を）つける、まぶす
烙　　　　　　　　（粉類をこねてフライパンなどで）焼く

中国料理というと、まず思い浮かべるのは餃子でしょう。日本人は、中国人なら誰でも皮から餃子が作れると思っているかもしれませんが、実はそうではありません。

　北方の人は、よく家で生地をこね、皮を伸ばして餃子を作ります。餡には豚肉と白菜、ニラ、家によってはキンサイやトマト、キュウリも使って、いろいろ餡を工夫します。餃子が好きな人に言わせれば、「寝るほど楽はなかりけり、餃子に勝る美味はなし」なのです。

　ところが、南方の人は普通ワンタンが好きです。ご存じのとおりその皮は四角く、肉の餡を包んで平たく小さいワンタンを作ります。でも知っていますか？ほかにもナズナを使ったふっくらした大きなワンタンもあります。

　形以外にも、餃子とワンタンは食べ方も違います。中国では水餃子をよく食べます。それは一つ一つ取って、酢醤油のタレにつけて食べる物で、ワンタンはスープの中に入れる物です。

　ワンタンを麺の上に乗せることもあり、こういった食べ方は広東で比較的よく見られます。広東語ではワンタンを「雲呑」といい、このような麺は「雲呑麺」です。

　中国の北方の気候は麦の栽培に適しており、小麦粉を使った食品が主食となります。餃子以外にも、北方の人は家でビンを焼いたり、バオズやマントウを蒸したりします。日本に来て餃子定食を見ると、「餃子がどうしておかずになるの？」と、ちょっと驚くかもしれません。

　一方、南方の気候は稲の栽培に向いているので、主食は米です。ご飯を炊く以外に、お餅にしたり、ビーフンを作ったりします。中国のお餅は長方形で、日本の物より硬く、食べる時には切り分けて、ホウレンソウや肉などと炒めます。ビーフンは「米線」ともいい、米で作った麺のことです。

　このように、北方と南方の食習慣は異なり、すべての人が餃子を作れるわけではないのです。

不吃煎的饺子吗？

日 我们日本人吃"煎饺子"，中国人不吃吗？

中 中国人也吃煎的饺子，不过不像日本人这么常吃。煎的饺子应该说有两种。一种是把煮好的水饺用油煎一下，这叫"煎饺"。另一种叫"锅贴"，是用生的饺子直接煎成的。这比较像日本的"煎饺子"，一般在点心店里卖。

日 以前去北京旅游时，不知道怎么点饺子。我叫了1斤，没想到来了满满一大盘。

中 哈哈，中国的饺子是按份量卖的。一个人吃的话，1斤是吃不掉的，叫2、3两就可以了。1两是50克。

日 这么一说，我想起来了。小笼包也特好吃。记得第一次是在横滨吃的。那天我还吃了"煎小笼包"。

中 "煎小笼包"？是"生煎馒头"吧。这是在上海很大众化的一种点心。

日 "馒头"？跟日语里的"饅頭"一样吗？

中 啊，南方的说法跟北方的有些不同。南方说的"○○馒头"是带馅儿的，而北方说的"馒头"外表跟包子差不多，但里面没有馅儿。

日 没有馅儿的馒头？那好吃吗？

中 馒头是主食啊，是就着菜吃的。

日 我懂了，这就像西方人吃面包一样。

焼き餃子は食べないの？

日 日本人は焼き餃子を食べるけど、中国人は食べないの？

中 中国人も焼き餃子を食べるけど、日本人ほどはよく食べないよ。焼き餃子には2種類あるんだ。茹でた餃子を油で少し焼いたのが「煎餃」。もう1つは「鍋貼」といって、生の餃子を直接焼いた物。日本の「焼き餃子」みたいな物で、普通は点心の店で売っているよ。

日 前、北京に旅行に行った時、餃子の注文の仕方がよく分からなくて。「一斤」で頼んだら、なんと大きなお皿に山盛りいっぱい！

中 ハハハ。中国の餃子は、重さで売られてるんだ。1人前だと1斤はとても食べきれないから、2両か3両くらいから注文するといいよ。1両は50gのことだよ。

日 そういえば、ショーロンポーもすごくおいしいよね。最初は確か横浜で食べたよ。その日は焼きショーロンポーも食べた。

中 焼きショーロンポー？「生煎饅頭」だね。上海で人気のある点心だよ。

日 マントウ？　日本語の「饅頭」と同じなの？

中 ああ、北方と南方ではいい方がちょっと違うんだ。南方の「○○マントウ」というのは餡が入って、北方のマントウは、外側はバオズとほとんど同じだけど、中に餡が入ってないんだ。

日 具の入ってないマントウ？　おいしいの？

中 マントウは主食だから、おかずと一緒に食べるの。

日 分かった。西洋のパンと一緒だね。

02 小籠包もケーキも「点心」？
小笼包和蛋糕都是"点心"吗？

　　大家去中国旅游或工作时都喜欢吃点心和小吃吧。日本人说的"点心"指的是小笼包、烧卖等。但是在中文里，"点心"的含义更广。"吃点心"就是"おやつを食べる"。比如下午三点左右吃些蛋糕、饼干也叫"吃点心"。那就是在正餐之外，填一填肚子的意思。具体而言，"点心"一词包括糕点、茶点、甜点和以广东饮茶为代表的点心等。

　　北方人说"拎着点心匣子去他家"时，意思是带一盒"糕点"，比如月饼等去作客。而喝茶时吃的"茶点"从瓜子、蜜饯到精美糕点各地不同。至于"甜点"，也包括冰淇淋等在内。广东饮茶时吃的那些"点心"基本上相当于日本人说的"点心"。下面我们就来看看这种狭义的"点心"吧。

　　香港、广东的"饮茶"在日语里叫"ヤムチャ"，这个发音来自广东话。传统的方式是在茶楼泡上一壶茶后，服务员会推着小车子过来，客人可以自己取食物再算帐。烧卖啊，虾饺啊都很诱人，还有烧鸭、沙茶牛筋之类的小菜。为什么要喝茶呢？据说是因为蔬菜比较少，要靠喝茶来洗去油腻。早上去叫"喝早茶"，从中午到三点左右去叫"喝午茶"。

　　至于"小吃"，指的是简单地吃一些小菜。一般盛菜的碟子都不太大，除点心外，还包括炒菜、炒饭、炒面、烤羊肉串、粉丝汤、鸡鸭血汤之类的东西。去过台湾的人都不会忘记夜市、路边摊吧。摊子上摆满诱人的美食，香喷喷的味道令人难以抵御。

　　点心和小吃都是中国式快餐，看上去差不多，但在中国人的概念里还是有所不同的。

拎	手で提げる
泡茶	お茶を入れる
沙茶牛筋	牛筋の沙茶煮込み
鸡鸭血汤	鶏やアヒルの血のゼリー入りスープ
香喷喷	よい香りが漂う

みなさんは中国に旅行や仕事で行ったとき、点心や「小吃」を食べるのが好きでしょう。日本人のいう「点心」（てんしん）が指すのは、小籠包や焼売などです。でも中国語では、「点心」の含む意味はもっと広いのです。「吃点心」は「おやつを食べる」こと。例えば、午後３時ごろにケーキやビスケットを食べるのも「吃点心」。つまり正式な食事のほかに小腹を満たす意味です。具体的には、「点心」という言葉は「糕点」（月餅やケーキなど）、「茶点」（お茶請け）、「甜点」（デザート）や、広東の「飲茶」に代表される「点心」も含みます。

　北方の人が「点心の箱を提げてよその家に行く」と言えば、１箱の「糕点」、例えば月餅などを持って客として訪ねることです。一方、お茶請けとして食べる「茶点」は、種子や果物の砂糖漬けから手の込んだ菓子まで、地方によっていろいろです。「甜点」といえば、アイスクリームなどまで含みます。「飲茶」のときに食べる「点心」が、基本的に日本人のいう「点心」に相当するでしょう。では狭義の「点心」について見ていきましょう。

　香港・広東の「飲茶」は日本語で「ヤムチャ」といいますが、この発音は広東語から来たものです。伝統的には、茶楼でお茶が来た後、店員がカートを押して来て、客が自分の好きな食べ物を選んでから精算します。つい食べたくなる焼売やエビ餃子のほか、ローストダックや牛筋の沙茶煮込みなどもあります。なぜお茶を飲むのかって？　野菜が少ないので、お茶で脂っこさを洗い流すためだといわれています。朝は「喝早茶」、昼から３時ごろまでは「喝午茶」と呼びます。

　一方「小吃」は、手軽な料理をつまむことを指します。普通は料理を盛る皿も小さめで、「点心」のほかに炒め物やチャーハン、焼きそば、羊肉の串焼き、春雨スープ、鶏やアヒルの血のゼリー入りスープなどがあります。台湾に行ったことがある人には、夜市や道端の屋台は忘れがたいものでしょう。屋台にはおいしそうな物がいっぱい、香ばしい匂いには逆らえません。

　「点心」と「小吃」はどちらも中国式のファストフードで、同じようでいて、中国人の概念ではちょっと違うのです。

早饭吃什么？

日 中国人早饭吃什么？

中 早饭有人在家里自己做。有人去店里、摊子上吃生煎馒头什么的，或者买回来吃，这叫"吃早点"。

日 早饭吃生煎馒头？ 不会很油腻吗？

中 这是习惯问题吧。比如说日本人早上也吃米饭。这一点好多中国人不习惯。吃粥没问题，但吃米饭不行。饮食习惯是从小培养起来的，没有什么道理可讲的。

日 在家里吃什么呢？

中 以前主要是喝粥，吃馒头，现在喝牛奶、果汁，吃面包的人多了。

日 午饭怎么吃啊？

中 不少人在食堂吃饭。自带盒饭的人比较少，可能是因为中国菜比较油腻，凉了不好吃吧。饭店或摊子上卖的盒饭一般也是热的，在米饭上放着排骨、炒青菜什么的。

日 晚饭都在家里吃吗？

中 没有应酬的话，回家吃饭的比较多。比较标准的家庭夫妻都要工作，所以两人都会做菜，谁先下班谁做菜。

日 是吗？ 这比日本好。

中 另外，有些家庭里还有夫妻的父母帮着带孩子，小夫妻一回家就能吃现成饭了。而且在大城市有许多保姆帮助做菜。

朝は何を食べるの？

日 中国人は朝ご飯に何を食べるの？

中 朝ご飯は、家で作る人もいるし、店や屋台で「生煎饅頭」とかを食べたり、テイクアウトしたりもする。朝食の点心というんだよ。

日 朝ご飯に焼きショーロンポー？　脂っこくないの？

中 慣れの問題だね。例えば日本人は朝食にご飯も食べるよね。この点は中国人にはちょっと違和感がある人が多い。お粥ならいいけど、ご飯はだめ。小さいころからの食事の習慣だから、特に理由はないんだよ。

日 家では何を食べるの？

中 昔はほぼお粥やマントウだけど、今は牛乳やジュース、パンが多くなったね。

日 お昼ご飯はどうするの？

中 職場の食堂で食べる人が多くて、弁当を持ってくる人は少ない。中国料理は脂っこくて、冷めるとおいしくないからかもね。お店や屋台で売っている弁当も普通温かくて、ご飯に骨つき肉や野菜炒めとか。

日 夜はみんな家で食べるの？

中 つきあいがなければ、家で食べる人が多いかなあ。普通の家庭ではみんな共働きだから、夫婦どちらも料理ができて、先に帰った方が準備する。

日 そうなんだ。日本よりいいね。

中 それから、夫婦の両親が孫の面倒を見ている家もあって、夫婦が帰ったらできたてのご飯が食べられる。それに、大きな都市では料理を手伝ってくれるお手伝いさんも多いよ。

03 北京料理・上海料理は中華料理の代表ではない？
北京菜和上海菜不代表中国菜？

　　在日本介绍中国菜时，常提到北京菜、上海菜、广东菜、四川菜。但是中国比较著名的有八大菜系，它们是川（四川）菜、湘（湖南）菜、鲁（山东）菜、粤（广东）菜、闽（福建）菜、苏（苏州）菜、浙（浙江）菜、徽（安徽）菜。里面并没有北京菜、上海菜。这是为什么呢？

　　如果问一个北京人，他也许会告诉你："北京菜属于鲁菜啊。"上海的情况又不一样。上海是作为一座租界城市建立起来的，大多数上海人来自全国各地，在家里吃广东菜、宁波菜、扬州菜什么的。而原来的上海人吃的菜叫"本帮菜"。所以没有传统意义上的上海菜。日本人说的"上海菜"是住在上海的人常吃的菜。

　　这个现象对台湾菜来说也是一样的。"台湾菜"有时指的是广义上的，在台湾能吃到的中国各地的菜。华人之间说的"台湾菜"往往是指台湾传统的菜肴。

　　八大菜系之外，还有很多地方菜。比如在日本常见的东北菜、山西刀削面、云南米线等都不在八大菜系之中。另外，你知道"扬州炒饭"吗？中国人家庭里一般只用鸡蛋炒饭，这叫"蛋炒饭"，加入许多东西的叫"什锦炒饭"。"扬州炒饭"是其中最有名的一种，它与日本人印象中的"炒饭"最接近。

　　中国人把菜分为荤的和素的。荤菜指鱼肉等，素菜主要是豆制品和蔬菜。僧人以及信仰佛教的居士们忌吃荤菜，只吃素菜。在素菜店里，用豆制品做成素鸡、素鸭等，吃上去味道很像鸡鸭鱼肉。

　　另外，信仰伊斯兰教的维吾尔族人和回族人吃的菜叫"清真菜"。最大的特色当然是不用猪肉了。

　　看来要了解中国菜的分类，还需要些历史、地理、甚至宗教方面的知识呢。

菜肴	おかず、料理
荤菜	肉や魚を使った料理
素菜	精進料理、菜食
居士	在家の信徒

日本で中国料理が紹介されるとき、よく北京料理・上海料理・広東料理・四川料理が取り上げられます。ところが、中国で有名な「八大料理」とは、四川料理・湖南料理・山東料理・広東料理・福建料理・蘇州料理・浙江料理・安徽料理のことです。北京料理と上海料理はありません。なぜでしょうか？

　もし北京人に尋ねれば、「北京料理は山東料理に含まれるから」と答えるかもしれません。上海の場合は少し違います。上海は租界の街として作られたので、ほとんどの上海人は全国各地の出身者です。家では広東料理・寧波料理・揚州料理などを食べます。一方、もともと上海人が食べていた料理は「本幇菜」といいます。そのため、伝統的な意味の上海料理はないのです。日本でいう「上海料理」は、上海人がよく食べる料理という意味でしょう。

　この現象は、台湾料理についても同様です。「台湾料理」は、広い意味で台湾で食べられる中国各地の料理を指すこともあります。中国系の人々の間で「台湾料理」といえば、台湾の伝統的な料理を指すことが多いです。

　八大料理のほかにも、いろいろな地方料理があります。例えば、日本でよく見られる東北料理、山西の「刀削麺」、雲南の「米線」は八大料理の中にはありません。そのほかに「揚州炒飯」を知っていますか？　中国人の家では普通、卵だけを使ってチャーハンを作りますが、これは「蛋炒飯」で、いろいろな具を入れた物は五目チャーハンです。「揚州炒飯」はその最も有名な物で、日本人のイメージする「チャーハン」と最も近いでしょう。

　中国人は、料理を「葷」と「素」に分けます。「葷菜」は肉や魚を使った物、「素菜」は主に豆製品や野菜のこと。僧侶や仏教を信じる在家の人々は、「葷菜」を避けて「素菜」だけを食べます。「素菜」の店では、豆製品で「素鶏」や「素鴨」などを作ります。鶏・アヒル・魚・肉の味によく似ています。

　そのほか、イスラム教を信仰するウイグル族や回族の人々が食べる料理を「清真菜」と呼びます。最大の特色は、もちろん豚肉を使わないことです。

　どうやら、中国料理の分類を理解するには、歴史、地理、それに宗教についての知識さえ必要なようですね。

不同地方的夫妻吃哪里的菜？

日 我分不清哪些是北京菜、上海菜。能不能简单地介绍一下。

中 说到北京菜，首先就是烤鸭了。"烤"就是「あぶる」的意思，为了把鸭皮烤得脆，需要很肥的鸭子。所以养鸭子时不让它走路，喂它们吃，这种鸭子叫"填鸭"。吃烤鸭时，要用薄饼包起来，里面夹鸭肉、葱和酱。

日 上海菜有什么特色呢？

中 上海菜比较清淡，有名的是大闸蟹吧。大闸蟹是在湖里养的河蟹。好的螃蟹里蟹黄很多，肉质鲜美，不过吃起来有点儿麻烦。

日 那广东菜和四川菜呢？

中 在全世界传播得最广的中国菜就是广东菜了。从鱼翅、鲍鱼到鱿鱼，用海鲜比较多。还有蚝油牛肉也很有特色。四川菜比较辣，用的是花椒，是那种吃上去舌头会发麻的麻辣。比如说麻婆豆腐。

日 平时中国人只吃一种地方的菜吗？

中 80年代以前交通运输不方便，饮食业也不太发达，所以大家自己做菜，能够保持地方风味。如今在大城市里能吃到各地的菜，界线也逐步模糊了吧。

日 如果夫妻俩不是一个地方的人，在家吃哪里的菜呢？

中 谁做菜谁就有权决定吧（笑）。

夫婦が別の地方出身者なら、何料理を食べるの？

日 北京料理と上海料理ってどう違うのか分からない。ちょっと教えて？

中 北京料理といえば、まず「北京烤鴨」だよね。「烤」は「あぶる」っていう意味で、アヒルの皮をカリカリに焼くためには、よく太ったアヒルを使う必要があるんだよ。だから育てる時は動かさずに食べさせて、こういうアヒルを「填鴨」（肥育アヒル）っていうんだ。食べる時は薄いビンで包んで、中にアヒルの肉とネギやタレを挟んで食べるんだよ。

日 上海料理はどんなの？

中 上海料理はあっさりしていて、有名なのは上海蟹だね。上海蟹は、湖で養殖した川蟹だよ。いい蟹にはたくさん味噌があって、肉もおいしい。食べる時ちょっと面倒だけどね。

日 じゃあ、広東料理と四川料理は？

中 中国料理で一番世界に広まっているのは広東料理だね。フカヒレ、アワビからイカまで、魚介類が多い。それから牛肉のオイスターソース炒めも名物だね。四川料理は辛くて、花椒（ホアジャオ）を使っているから、舌がピリピリ痺れるよ。麻婆豆腐みたいにね。

日 いつも中国人は決まった地方の料理を食べているの？

中 80年代以前は交通が不便だったから、飲食業も発達してなくて、みんな自分で料理していたから、地方料理の特色が守られていたんだ。今の大都市では各地の料理が食べられるから、境界線がだんだんあいまいになっているね。

日 夫婦が別の地方の人だったら、家ではどっちの地方の料理を食べるの？

中 それは料理する方に決定権があるね（笑）。

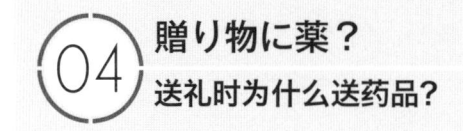

04 贈り物に薬？
送礼时为什么送药品？

　　中国人吃东西时，特别是上了年纪的人常从两个方面来评论食材。一是"冷（凉）"与"热"。按照中国传统的想法，人体要保持冷与热的平衡。体内热了，就是上火了。这时吃梨、冬瓜，或者喝绿豆汤之类凉性的东西可以去火。而身体凉的话，吃生姜、羊肉之类热性的东西比较好。

　　另一方面就是"补"。比如说，人们相信吃芝麻、核桃补脑子，吃大豆补肝，吃红枣补血，吃心补心等。特别是人参，被认为大补元气。"元气"是指人体中基本的"气"。

　　"补"往往跟季节有关。特别是到了动物都要储备脂肪过冬的季节，多吃一些需要的东西，被认为很重要。所谓"冬令进补，春天打虎"，讲的就是在冬季多吃好东西，春天以后身体健壮得可以上山去打老虎。

　　"进补"不限于食物，有时会把一些中药材放在汤里、火锅里。这些中药材还被做成补品、补药在中药店或百货商店里出售。过年过节，很多中国人会拎着这些补品去亲戚朋友家，特别是送给老人。如果你收到这些贵重的补品会怎么想呢？你会不会觉得："我又没生病，为什么送给我药啊？"

　　话说有了这些补品，就带来了一个问题：靠吃东西来补，还是靠药来补呢？喜欢享口服的人就说"药补不如食补"。这种想法与日本人说的"医食同源"差不多。

　　通过饮食吸收营养，这在古今中外都是一样的。至于在饮食中吸收什么，中国的传统想法有些特别。不过当代中国人越来越相信蛋白质、维生素、胶原蛋白等，精通"冷"与"热"、吃什么补什么的年轻人并不多。

上火　　　　　（中国医学で）のぼせること
人参　　　　　朝鮮人参
进补　　　　　栄養補給をすること
补品　　　　　栄養補助食品
胶原蛋白　　　コラーゲン

中国人は物を食べるとき、特に年配の人は常に２つの面から食材を捉えています。１つは「冷（涼）」と「熱」。中国の伝統的な考え方では、人体は「冷」と「熱」のバランスを保つ必要があります。体内が熱くなると、のぼせます。そこで梨や冬瓜を食べたり、緑豆スープなど体を冷やす物を飲んだりしてのぼせを取ります。逆に体が冷えれば、生姜や羊肉など体を温める物を食べるとよいのです。

　もう１つは「補」（栄養補給）です。例えばゴマやクルミは脳に、大豆は肝臓に、ナツメは血液に、心臓は心臓に良いと信じられています。特に朝鮮人参は大いに「元気」を補うといわれます。「元気」とは、体の中の基本的な「気」のことです。

　「補」は多くの場合、季節と関係があります。特に動物が脂肪を蓄えて冬を越す季節には、必要なものを多めに食べることが重んじられます。いわゆる「冬令進補、春天打虎」とは、冬に体に良い食物をたくさん食べておけば、春には体が丈夫になって虎退治もできる、ということです。

　「進補」（栄養補給をすること）は食べ物に限らず、中医薬の材料もスープや鍋に入れることがあります。さらにこれらの材料は「補品」「補薬」（栄養補助食品・薬材）とされ、中医薬の店やデパートで売られています。新年や祭日の際には、多くの中国人がこの「補品」を土産に親戚や友人の家を訪ね、特に老人への贈り物にします。もしあなたがこんな貴重な「補品」をもらったら、どう思いますか？　「病気じゃないのに、どうして薬をくれるの？」と思うでしょうか。

　ところでこういった「補品」は、ある問題を生み出しました。食べ物で栄養を補うか、それとも薬で栄養を補うか？　食いしん坊の人は「薬より食べ物で栄養を補った方がいい」と言います。この考えは、日本人のいう「医食同源」とほぼ同じです。

　飲食によって栄養を吸収するのは、古今東西同じです。ところで、飲食で何を摂るかについては、中国の伝統的な考え方はやや特別なのです。ただ、最近の中国人はタンパク質やビタミン、コラーゲンなどをますます大切にするようになり、「冷」と「熱」、何を食べたら何を補うかをよく知っている若い人は少なくなりました。

我也想"打包"

日 中国的筷子比日本的长吧。

中 是的。因为在中国用大碗盛菜一起吃,所以筷子长些比较好夹菜。

日 餐厅里的筷子都是竖放的吧。日本的筷子都是横放的,所以刚开始我还不太习惯呢。

中 竖放拿起来方便呀。

日 有时看到小孩儿也用大人的长筷子,太让我佩服了。

中 在中国,大人跟小孩儿用的筷子都一样。

日 真的?在日本,连男人和女人用的筷子都长短不一,在家里都用自己专用的碗筷。

中 在中国,多数家里都用一样的筷子,碗也不分的。

日 不用公筷吗?别人直接从大碗里夹菜也不在意吗?

中 家里人吃饭时根本不在意。以前聚会时,也会用自己的筷子给别人夹菜,这样显得亲热。不过最近大的餐厅里放着公筷和调羹,不好夹的菜服务员会帮我们分好的。

日 我很想试试"打包",什么店都行吗?

中 这要看什么店了。亲朋好友去吃的随便些的餐厅基本上没问题。我还见过家庭主妇连汤带菜都装在塑料袋里带走的呢。

日 中国人平时很珍惜食物啊。

「打包」してみたいんだけど？

日 中国の箸って、日本のに比べて長いよね。

中 そうだね。中国では大皿の料理からみんなが食べるから、箸は長い方がいいんだよ。

日 レストランでは箸を縦に置いてるよね。日本の箸は横に置くから、最初はちょっと慣れなかったよ。

中 縦の方が取りやすいんだよ。

日 小さな子でも大人みたいに長い箸を上手に使っていて、感心しちゃった。

中 中国には、大人用の箸と子ども用の箸の区別はないんだよ。

日 そうなの！？ 日本の箸は男性と女性でも長さが違うし、家では自分専用の箸やお茶碗があるんだよ。

中 中国の家庭では、みんな同じ箸を使っているよ。食器も自分専用というのはないね。

日 取り箸はないの？ 大皿から直箸でみんなが食べても気にしない？

中 家族の間では気にしないね。昔は宴会の時でも、自分の箸で相手のお皿に料理を取り分けてあげるのが親しみの表現だったんだ。ただ、最近は大きなレストランでは取り箸やスプーンがついているし、分けにくい料理は店員さんがやってくれるよ。

日 レストランで「打包」（残った料理をパックに詰めてもらい持ち帰ること）してみたいんだけど、どんなお店でも OK なの？

中 お店によるけど、家族や親しい友達同士で行くような気の置けないレストランなら、大丈夫だよ。家庭の主婦なら、鍋料理をスープごとビニール袋に入れて持って帰る人も、見たことあるよ。

日 中国の人って、ふだんはとても食べ物を大事にしているんだね。

05 北京の人は烏龍茶を飲まない？
北京人不喝乌龙茶吗？

　　在日本的便利店里卖的乌龙茶有点黑，许多人可能会觉得中国人都喝这种乌龙茶，其实不然。中国各地人喝的茶不太一样。

　　茶叶一般种在比较温暖的地方，中国茶叶的产地主要在山东省以南。在不产茶叶的北方不喝茶的人相对多一些。一般北京人不喝乌龙茶，而是喝加入香味的茉莉花茶等。

　　江南，也就是上海附近的人主要喝绿茶，比较有名的是西湖龙井、毛峰、碧螺春等。泡绿茶时水温不宜过高，把茶叶直接放在杯中，冲入热水，透过玻璃杯看茶叶浮起又沉下，是很漂亮的。

　　往南方走的话，福建人、广东人主要喝乌龙茶。乌龙茶大致可分为三种。一种是铁观音之类。还有一种是台湾的冻顶乌龙茶、高山茶，有一点甜味。还有一种叫岩茶，颜色比较黑。据说日本出售的瓶装乌龙茶是用岩茶做的，而"乌龙茶"是这种饮料的商品名称而已。

　　乌龙茶要用滚烫的开水来泡。有时茶壶里放的茶叶较多，味道浓郁，使用的茶杯比较小，喝起来很费工夫，这叫"工夫茶"。

　　到了云南，就能看到许多普洱茶。普洱是云南的一个地名。据说普洱茶有减肥的效果。普洱茶与上述茶叶不同，压成一块饼的形状，也叫"饼茶"。准确地说，也有用其他茶叶做成的"饼茶"。大家也许想知道，为什么要做饼茶呢？饼茶便于携带，可以运到远方去卖。比如在云南曾经用饼茶交换西藏的马匹，这种贸易方式被称为"茶马互市"。当时人们经过的"茶马古道"可以跟"丝绸之路"媲美。

　　中国茶的世界是很深奥的。

瓶装	瓶入り、ペットボトル入りの
工夫茶	茶芸。小さく精巧な茶器を使い、決まった作法でお茶を入れて飲むこと
饼茶	茶葉を圧縮して固め、円盤状にしたもの
茶马古道	雲南省で取れた茶を、チベットの馬と交換した交易路
媲美	（美しさが）匹敵する、同じように優れている

日本のコンビニで売られている烏龍茶は黒っぽいので、中国人はみんなこういう烏龍茶を飲むと思う人が多いかもしれませんが、実はそうではありません。中国の各地方の人が飲んでいる茶には、違いがあるのです。
　茶は普通、温暖な地方で育つため、中国の茶葉の産地は主に山東省以南です。茶葉を生産しない北方ではお茶を飲まない人の割合が高く、普通北京の人は烏龍茶を飲まず、香りをつけたジャスミン茶などを飲みます。
　江南、つまり上海付近の人は主に緑茶を飲んでおり、有名なのは「西湖龍井」「毛峰」「碧螺春」などです。緑茶を入れるときは、湯の温度が高すぎるのは好ましくありません。茶葉を直に器に入れて湯を注ぎ、グラス越しに茶葉が浮き沈みが見えるのは、美しいものです。
　南へ行くと、福建や広東の人は主に烏龍茶を飲んでいます。烏龍茶は大きく3種類に分かれます。1つは鉄観音。もう1つは台湾の凍頂烏龍茶や高山茶で、ほのかな甘みがあります。さらに岩茶という黒っぽいお茶があります。日本で売られているペットボトル入りの烏龍茶は岩茶で作った物で、「烏龍茶」というのはこの飲み物の商品名に過ぎないとも聞きます。
　烏龍茶は沸騰した湯で入れます。急須に入れる茶葉が多く、濃厚な味がするときもあります。小さめの茶碗を使って手間をかけて飲むのを、「工夫茶」といいます。
　雲南ではプーアル茶がよく見られます。「プーアル」というのは雲南の地名で、このお茶はダイエット効果があるとされています。プーアル茶は、上のような茶葉と違って円盤状にされ、「餅茶」とも呼びます。正確に言うと、ほかの茶葉で作る「餅茶」もあります。なぜ「餅茶」を作るのかというと、「餅茶」は持ち運びしやすいので、遠方まで売りに行くことができるからです。例えば、雲南ではかつて「餅茶」をチベットの馬と交換しましたが、こういった取引は「茶馬互市」と呼ばれていました。当時の人々が通った「茶馬古道」は、「シルクロード」に匹敵するものです。
　中国茶の世界は、なかなか奥深いのです。

现在也不喝凉茶吗？

日 中国人都喜欢喝茶吗？

中 爱喝茶的人在减少，咖啡正在悄悄取代茶的地位。特别是年轻人喜欢去咖啡店，觉得在那里看书比较"小资"。

日 我还听说中国人都喝热茶，不喝凉的，是真的吗？

中 以前确实是这样，但现在瓶装茶多了，好多人喝凉的茶了。有的茶里还放糖呢。

日 是啊，要是大家都不喝凉的茶，自动售货机就没生意了。

中 以前饮料比较少的时代，许多中国人一整天喝茶。不能在一个地方工作的人就自己拿着保温杯，口渴了就喝上一口，喝光了再加热水。

日 茶叶一直泡在水里，不会苦涩吗？

中 可能中国的茶叶跟日本的有些不同，浸在水中并不会变苦，一些茶是越泡越出味道的。当然各地泡茶的习惯不同，比如说广东用茶壶泡茶，泡好以后倒在杯子里喝。但江南以及北方就泡在杯子里递给客人，水喝光后再续杯。

今でも冷たいお茶は飲まないの？

日 中国人はみんなお茶が好きなの？

中 お茶を飲む人が少なくなって、コーヒー派が増えているね。特に若い人はカフェで本を読んだりするのが"オシャレ"みたい。

日 みんな熱いお茶を飲んでいて、冷たいのは飲まないって本当？

中 昔は確かにそうだったけど、今ではペットボトルのお茶が多くて、冷たいお茶を飲む人が多くなったね。砂糖入りもあるよ。

日 そうだよね。みんな冷たいお茶を飲まなかったら、自動販売機はもうからないね。

中 昔、飲み物の少なかった時代には、中国人はいつでもお茶を飲んでいたんだよ。1つの場所で仕事できない人は自分の水筒を持ち歩いて、喉が乾いたら一口飲んで、なくなったらまたお湯を注ぎ足して。

日 ずっとお茶っ葉をお湯に浸していて、苦くならないの？

中 中国の茶葉は日本のとちょっと違うかもね。お湯に浸していても苦くならないし、ますます味が出る物もある。もちろん各地でお茶の入れ方は違って、例えば広東では急須でお茶を入れてから茶碗に注ぐんだ。でも江南や北方の人は、茶碗で直接お茶っ葉に湯を注いでお客さんに出して、お湯がなくなったら注ぎ足すんだよ。

06 どうしてあんなに乾杯したがるの？
为什么这么爱干杯？

听说去中国出差的日本人对宴会上干杯的阵势都有点怕。大家都想知道中国人为什么这么喜欢干杯吧。

如果问中国人的话，大概会说，主要是图个热闹，中国人就是喜欢热热闹闹的。或者他会说，酒后吐真言嘛，喝得高兴才能互相了解，加深友情嘛。所以酒宴也是一个沟通友情的场所。

在日本的饭局上应尽量避免往自己的杯子里倒酒，在中国就比较随便，可以为别人斟酒，也可以把自己的杯子倒满。不过要喝的时候，最好是端起杯子提议全桌人干杯，或者向两边的人示意一起喝，一个人喝不太好。

提议干杯时要说些祝酒词，比如说："为了○○长寿干杯！"、"为了○○和○○的幸福干杯！"、"为了今后合作愉快干杯！"之类的。

干杯原意是喝光。可以对别人说："干了，干了。"来催他喝光。如果自己不想喝光，或者请不会喝酒的人不必介意时就说："随意随意。"

多干杯，多说敬酒的话，会让宴会热闹起来，自己也显得很豪爽。问题是不能喝酒怎么办？ 如果你只能喝一杯，就留一手，先说能喝半杯。然后别人劝酒时，就说："为了你，今天多喝一些。"这样会让对方觉得你讲义气，够朋友。

值得注意的是，听说日本的公司同事在一起喝酒时发牢骚比较多，或者喝起酒来，上下级的关系就不那么严肃了，好像换了个人似的。但在中国，因为工作关系喝酒时还是有些拘束的。彼此希望通过敬酒来表示友好，搞好关系。所以尽管许多人嘴上说"一醉方休"，但还是控制住自己，不要喝醉为好。

饭局	宴会、会食
祝酒词	乾杯の音頭
敬酒	酒を勧める
留一手	自分の能力を隠しておく
发牢骚	愚痴をこぼす

中国に出張に行く日本人はみんな、宴会での乾杯の勢いに恐れをなすといいます。皆さん、中国人がなぜあんなに乾杯が好きなのか知りたいですよね。
　もし中国人に聞いたら、だいたいこう答えるでしょう。「それは賑やかにしたいからですよ、中国人はわいわい騒ぐの好きだから」。あるいは「酒を飲んで本音を語れば楽しく飲めるし、お互いのことが分かって友情が深まるでしょう」と。このように、酒の席はコミュニケーションの場でもあります。
　日本の宴会ではできるだけ手酌を避けるべきですが、中国では比較的自由で、人にお酌をしてもいいし、自分で自分の杯をいっぱいにしても構いません。ただ、飲むときには、テーブルの全員に向かって乾杯するか、両隣の人に会釈して一緒に飲む方がいいでしょう。1人で飲むのは好ましくありません。
　乾杯の音頭をとるときには、何かあいさつの言葉を添えます。例えば「〇〇さんの長寿に乾杯！」「〇〇さんと〇〇さんの幸せに乾杯！」「今後の順調な協力のために乾杯！」などです。
　「乾杯」のもとの意味は、杯の酒を飲み干すことです。ほかの人に「飲み干して」と促してもいいし、自分が飲み干したくなかったり、あまり飲めない人を気遣うときには、「お構いなく」と言います。
　乾杯を重ねて祝杯の言葉を繰り返せば、宴会は盛り上がり、自分も豪快に見えます。問題は、下戸ならどうするか？　もし1杯しか飲めなければ、そのことは隠しておき、先に「半分しか飲めませんから」と言っておきましょう。後で人に勧められたら、「あなたのために、今日はもう少し飲みましょう」と言います。こうすれば、相手もあなたが義理堅く、友達がいがあると思ってくれます。
　注意すべきことは、日本の会社の同僚の飲み会ではよく愚痴をこぼしたり、酒を飲むと上下関係がゆるみ、人が変わったようになるそうですが、中国では違うということです。仕事のつきあいで酒を飲む場合、やや堅苦しくなります。お互いが酒を勧めることで好意を示し、関係を築こうとしています。口で「とことん飲みましょう」とは言っても、ほどほどに自分を抑えて、酔い潰れてしまわない方がいいでしょう。

男人一下班就回家做饭？

日 在日本 20 岁以后才能喝酒,中国是从多少岁开始？

中 法律上没有规定喝酒的年龄。

日 什么？那孩子也可以喝酒吗？

中 理论上是可以的。不过事实上喝酒的孩子是极少的。

日 中国人一般喝什么酒？

中 各地喝的酒不同,比如说东北人喝烈性的白酒,喝得尽情后再来一瓶啤酒才结束。但上海附近的人不太能喝,就喝度数比较低的黄酒。最近喝红酒的人也很多。

日 日本有的店主要吃饭的,有的店主要喝酒的。一些上班族工作结束后会去喝上一杯。中国人怎么样？

中 中国男人下班后就回家做饭,做家务啊。

日 这么好!!

中 开玩笑的(笑)。不过中国虽然也有酒吧,但是并没有居酒屋这样的以喝酒为主的大众化饭店。

日 那中国人什么时候喝酒呢？

中 亲戚朋友和老同学聚会,或工作上有应酬时大家喝酒。一般来说,喝酒是吃饭的一部分。所以在中国,菜不上来是不会干杯的。

男性は仕事の後すぐ帰宅してご飯を作ってくれるの？

日 日本では20歳以上じゃないと飲酒できないけど、中国では何歳から飲めるの？

中 法律上は、お酒が許される年齢について決まってないんだよ。

日 ええっ！？　じゃあ、子どもでもお酒を飲んでもいいの？

中 法律上はOKだね。ただ、実際はそういう子どもは少ないよ。

日 中国人はいつもどんなお酒を飲むの？

中 地方によってお酒は違うね。例えば東北の人はきつい白酒をしっかり飲んで、さらにビールまで飲んでお開きにする。でも上海付近の人はあまり飲めなくて、度数の低い紹興酒くらい。最近はワインを飲む人も多いよ。

日 日本には食事がメインの店と、飲み屋があるんだ。仕事が終わってから一杯飲みに行くサラリーマンもいるけど、中国人はどう？

中 中国の男性は、仕事が終わったらすぐ家に帰ってご飯を作って、家事をするの。

日 最高じゃない！！

中 冗談だよ（笑）。中国にもバーはあるけど、居酒屋みたいな気軽に行ける飲み屋があるわけじゃない。

日 じゃあ、中国人はいつお酒を飲むの？

中 親類・友人や同窓生が集まった時とか、仕事のつきあいでみんなで飲む時かな。普通、お酒は食事の一部分だね。だから中国では、料理が来ないと乾杯しないんだ。

07 地方によって建物に特色があるのはなぜ？
各地建筑为什么各有特色？

  现代建筑会给人似曾相识的感觉，想了解南方与北方在习俗上的不同，最好看老房子。

  北方建筑最典型的就是四合院。据说北京的四合院是元朝忽必烈时代开始建的。北京地处平原，道路布局方方正正的，容易建这种院落式房屋。四合院的门一般朝南，里面有一个方形庭院被四周的房间围起来。"合"这个字让人记住"家和万事兴"这个道理。四合院的围墙与围墙之间是笔直的胡同。

  到了江南一带，起伏的山峦、蜿蜒的河流将土地分割为不规则的形状，再加上气候潮湿，所以两层以上的"楼"比较多些。院子也变小了，从中可望见的天空也变得狭窄，仿佛在井中，于是人们把那院子叫做"天井"。著名的安徽民居就是天井式建筑。

  上海是一座近代形成的城市，那里原是外国人的租界，洋房比较多。同时从外地搬来许多小家庭，他们需要公共住宅。于是融合了东西建筑特色，建起了两层楼的成排的"石库门"房子。著名的有"新天地"和"田子坊"，这种房子里有"天井"，两排房子之间的小路叫"弄堂"。

  到了广东等地，可以见到一些建筑，一楼是店铺，二楼的房子延伸出去，为路人遮雨。这是"骑楼"建筑，给人一种暖洋洋的感觉。

  在福建，住着一些为了躲避战乱，携家带口从中原逃到南方的客家人。他们在与福建当地人混居的地区建了一些"土楼"，许多是圆形的。这种建筑可容纳一百多家人住在一起，还建有高高的瞭望台，用来保护居民。环绕在中间的圆形庭院是不是令人想起四合院中蕴含着的"合"的理想呢？

似曾相识	どこかで見たことがある
忽必烈	フビライ。元王朝の初代皇帝
院落	塀で囲った住宅や敷地
蜿蜒	（山脈や川、道などが）うねうねと延びる
新天地・田子坊	地区名。いずれも上海市の商業地区で、古くからの「石庫門」建築をリノベーションしている

現代建築はどれもどこかで見たような印象を与えるので、南方と北方の風習の違いを知りたければ、古い建物を見るのが一番でしょう。

　北方建築で最も典型的なのは四合院です。北京の四合院は、元朝のフビライの時代に始まるといわれています。北京の土地は平原なので、道路は碁盤の目のように敷かれ、こういった塀で囲まれた建物を作りやすいのです。四合院は通常、南向きで、中では四角形の庭が周りの建物に囲まれています。「合」という字は、「家族が和やかであれば万事うまく行く」という考え方を人々にもたらしました。四合院を囲む塀と塀の間は、真っ直ぐな「胡同」になっています。

　一方、江南一帯では、起伏した山々と蛇行した川によって土地が不規則な形に分割され、さらに湿気が多い気候なので、2階建て以上の「楼」と呼ばれる建物が多くなっています。庭も小さくなり、そこから見える空も狭く、まるで井戸の中にいるようなので、この庭は「天井」と呼ばれました。有名な安徽省の伝統住宅は「天井式」の建築です。

　上海は近代に形成された都市で、もともと外国人の租界地なので、洋風建築が多いのです。同時に、外部から移住してきた多くの核家族には、公共住宅が必要でした。そこで東西の建築の特徴を組み合わせて、2階建ての家を並べた「石庫門」建築ができました。有名な「新天地」や「田子坊」のような建物には「天井」があり、2列の家の間の路地は「弄堂」といいます。

　広東などの地方では、1階が店舗で、2階の家が張り出し、通行人のために雨を遮るアーケードになった建物を見ることができます。これは「騎楼」と呼ばれ、通る人を温かい気持ちにさせてくれます。

　さらに福建には、戦乱を避けるために家族を引き連れ、中原（黄河中・下流域）から南方に逃れてきた客家（ハッカ）の人々が住んでいます。彼らは現地の福建の人々とともに住む地域に「土楼」を作り、多くは円い形をしています。この建物には100以上の家族が住むことができ、外敵を見張るための高い物見台もあって、住民を守っています。中に囲まれた円形の庭には、四合院で育まれた「合」の理想を見いだせるのではないでしょうか。

四合院和石库门房子真酷！

日 四合院里住的是一家人吗？

中 原来四合院是为了一家人住而设计的。以前说的"一家人"往往是祖孙三代或四世同堂的大家族。但是后来，特别是文化大革命时期，很多人家搬进了四合院里，结果那里变成了"大杂院"。

日 最近四合院和胡同都越来越稀少了吧。

中 是啊。在城市建设中拆了不少。因为在08年北京开奥运会前大搞拆迁，以前的街景如今都见不到了。

日 前些日子有个朋友去北京旅游，她参加了"胡同游"，坐着三轮车看了好多地方。

中 最近四合院跟胡同都经过整修变成了景点了。好多餐厅和宾馆就开在四合院里。

日 这么说起来，10年上海开世博会时我去了。走在街上，看到高楼大厦和弄堂老房子对比强烈，印象特别深。现在石库门房子里还有人住吗？

中 以前的居民有些还住在里面，不过许多人动迁搬到郊外楼里去了。好多石库门房子都改建成了时尚的咖啡店、商店了。

四合院や石庫門建築ってステキですよね？

日 四合院には一家族が住んでいるの？

中 もともとは一家族が住むために設計された物で、昔の「一家族」というのは、祖父母から孫までの三世代、あるいは四世代同居の大家族だったんだよ。でもその後、特に文革の時期にたくさんの家族が四合院に引っ越して、「大雑院」に変わったんだ。

日 最近は四合院や胡同も貴重になったそうね。

中 そうだね。都市計画のためにたくさん取り壊されたんだ。2008年の北京オリンピックを前に再開発が進んで、昔ながらの風景がどんどん消えていっているよ。

日 この間、北京に遊びに行った友達が、「胡同ツアー」に参加して、人力車に乗って見物したんだって。

中 最近は四合院や胡同も観光資源として整備されていて、四合院を使ったレストランやホテルもあるんだよ。

日 そういえば、2010年の上海万博に行ったんだけど、街を歩いていて、高層ビルと古くからの弄堂のコントラストが印象的だったなあ。「石庫門建築」には、今でも住んでいる人がいるのね？

中 古くからの住人で住み続けている人もいるけど、郊外のマンションに引っ越す人も多いようだよ。おしゃれなカフェやショップに改装されているところも多いよ。

08 タクシーも庶民の足代わり？
一般人也出门打车？

　　提到中国城市的交通工具，你也许会想到浩浩荡荡的自行车队，如今不同了。

　　北京上海等大城市的地铁网络非常发达。而且不像日本那样有几个运营公司，无论是地铁还是轻轨，都由轨道交通部门管理。即使相互换乘，费用也是按照距离来计算的，因此不会产生公私铁路换乘票价昂贵的情况。另外，从2010年世博会开始，上海的各车站多了许多安检仪。箱子、旅行袋等进站必须进行扫描，不仅杜绝了地铁内的恐怖袭击，也降低了地铁内伤害事故的发生。

　　中国也有类似日本"Suika"的"交通卡"，使用方法也差不多。不仅是地铁、巴士，乘坐出租车等时都可以使用，非常方便。地铁卡的充值方式也十分方便，你可以在窗口进行充值，也可以在机器上选择自助充值。不仅可以使用现金，也可以使用银行卡或者手机进行充值，方便了出门不带现金的年轻一族。

　　中国的出租车价格比日本便宜得多，即使在上海，起步费也只有14元／3公里。有些小城市就更便宜，只要在市区内无论到哪里都是一个价格。因此以车代步是不足为奇的。

　　马路上更多的是私家车，这造成了堵车和停车难。一些上班族为了避开高峰，宁可一大早就开车出门了。热门商圈的商场、写字楼停车费也不是一个小数目。如果你在商场消费了，别忘了问一下是否有免费停车券。

　　城市之间有火车和高铁。想更舒适快捷的话，高铁是不错的选择，当然票价贵一些。你可以在火车站、车票代售点或网上购买车票。为了防止票贩子高价倒卖，火车票需要凭身份证明购买，所以去买票时记得带上身份证件哦。

浩浩荡荡	壮大な、雄大な
轻轨	ライトレール。都市型の旅客鉄道
世博会	万博
安检仪	保安検査装置
恐怖袭击	テロ事件

中国の都市部の交通手段というと、壮大な自転車の列を思い浮かべるかもしれませんが、今ではもう昔の風景となりました。

　北京や上海などの大都市では、地下鉄網がよく発達しています。しかも日本のようにいくつも運営している会社があるわけではないので、地下鉄もライトレールも鉄道交通部門が管理しています。乗り換えをしても値段はすべて距離で計算するので、公営から私営に乗り換えても値段が高くなったりはしません。そのほか、2010年の上海万博から、上海の鉄道駅では保安検査装置を設けるところが多くなりました。トランクや旅行鞄などは探知機を通す必要があり、地下鉄内のテロ事件を根絶しただけでなく、傷害事件の発生も少なくなりました。

　中国にも日本の「Suica」のような「交通カード」があり、使い方もほぼ同じです。地下鉄だけでなくバスやタクシーなどでも使え、とても便利です。交通カードのチャージ方法も手軽で、窓口でチャージすることも、機械でセルフ方式で行うこともできます。現金だけでなく、銀行のカードや携帯電話でも入金できるので、現金を持たずに外出する若者たちには便利です。

　中国のタクシー料金は日本よりはるかに安く、上海でも初乗り料金は3キロでわずか14元。一部の小都市ではもっと安く、市内ならどこまで乗っても同じ値段です。そのため、タクシーを足代わりにするのも珍しいことではありません。

　道路では自家用車が多く、渋滞と駐車場難の原因となっています。サラリーマンには渋滞を避けるため、朝早くから車で出掛ける人もいます。繁華街のデパートやオフィスビルの駐車料金もばかになりません。デパートで買い物したら、無料の駐車券が無いかどうか忘れずに聞いてみましょう。

　都市間には鉄道と高速鉄道があります。快適さと速さを求めるなら高速鉄道がベターですが、当然、チケットはやや高いです。鉄道の駅や代理販売店、ネットで購入できます。ダフ屋が高値で転売するのを防ぐため、鉄道チケットの購入には身分証が必要です。買いに行くときには忘れずに持っていくようにしましょう。

平时上班怎么去公司？

日 你平时上班怎么去公司？

中 开车啊，不过因为堵得很厉害，所以需要很早出门。偶尔也会坐地铁再换轻轨。虽然麻烦了点，但可以避免堵车。

日 地铁和轻轨有什么区别？

中 地铁顾名思义是地下的铁路，这和日本的地下铁差不多，当然有几段开到路面上来你也不要奇怪。而轻轨的话就类似日本的 JR，是在高架桥上跑的。我比较喜欢轻轨，因为可以看到风景，不会觉得千篇一律。平时开车时欣赏不到的景色，坐轻轨的话，就可以从更高处慢慢地看。不过轻轨的车站在室外，夏天可吃不消。

日 话说回来，我坐日本新干线时也喜欢一边看风景一边吃各地的车站便当，很惬意呢。中国人有这个习惯么？

中 中国没有呢。因为车站没有加热便当的地方，中国菜本来就比较油腻，凉了就不好吃了。所以一般火车站会卖一些方便面、香肠什么的。当然也有便利店，如果饿了大家也会买包子、饭团什么的，但没有日本那样的特色便当。

日 那真是太可惜了，我还期待着在中国体验一把高铁的美食之旅呢。

中 你可以把肚子留到下车以后，中国各个城市的小吃可不比日本的车站便当差哦。如果你在车上吃得太饱了，肯定会后悔的。

いつもどうやって出勤しているの？

日 いつもどうやって出勤しているの？

中 車だけど、渋滞がひどいから早めに家を出なくちゃ。たまに地下鉄からライトレールに乗り換えることもあるよ。面倒だけど、渋滞にあわなくていいから。

日 地下鉄とライトレールはどう違うの？

中 地下鉄はその名の通り地下の鉄道で、日本の地下鉄とほぼ同じだから、地上に出る所があっても驚かないでね。ライトレールは日本のJRみたいに高架の上を走るの。風景が見えて、退屈しないから好きだなあ。ふだん車を運転している時に見えない風景が、ライトレールなら高い所からゆっくり見られるから。ホームが屋外にあって、夏はたまらないけどね。

日 ところで、日本の新幹線で風景を見ながら駅弁を食べるのも、気持ちよくて好きだなあ。中国人もこういう習慣がある？

中 中国にはないんだ。駅にはお弁当を温める場所がないから。中国料理は脂っこくて、冷めるとおいしくないでしょ。だから普通は駅でカップラーメンやソーセージとかを買うの。もちろんコンビニもあって、お腹がすいていたらバオズやおにぎりを買うけど、日本みたいな特色のある駅弁はないなあ。

日 残念ね。一度中国で、高速鉄道の美食の旅をしたいんだけど。

中 下車するまでお腹を空けておけばいいわ。中国のローカルグルメは日本の駅弁に負けないよ。車内でお腹いっぱいになったら、きっと後悔するよ。

09 方言は一体いくつあるの？
到底有多少方言？

　　中国各地有很多方言，一般来说，把汉语方言分为八大类：北方方言、吴方言、湘方言、赣方言、闽北方言、闽南方言、客家方言、广东方言。这是不是令你想起八大菜系呢？那我们就结合地方菜来一起记住它吧。

　　"北方方言"是一个最大的方言圈，大到把西南的四川等地区也包括进来。这些地区也就是吃鲁菜和川菜的地方。当然同是北方话，比如东北话、天津话、山东话在四声、是否卷舌，以及部分用词上都有差异。

　　其他七种方言属于"南方话"。先说吴方言。"吴"原指苏州附近，就是吃苏菜的地区。但吴方言包括上海话、苏州话、杭州话等，是一个比较宽泛的概念。也就是说，吃浙菜的地区也在其中。

　　接下来是湘方言。"湘"是指湖南，"湘方言"就是湖南人说的话。毛泽东是湖南人，他说的话大多数中国人听不懂。

　　还有赣方言。"赣"是指江西，但"赣方言"包括江西人、湖北人说的话。

　　吃闽菜的福建有闽北方言、闽南方言。"闽"是指福建省，"闽南"是福建的南部，"闽北"是福建的北部。由于福建有许多山，南北语言不同，一个闽南人跟闽北人结婚的话，在家里要说普通话。

　　客家方言是从北方中原迁徙到福建广东的客家人使用的方言。

　　广东方言也叫"粤语"。由于香港人说粤语，所以香港的很多电影、歌曲用粤语，在文艺圈形成了可以跟普通话抗衡的一大势力。需要注意的是广东人并非都说广东话，与客家菜、潮州菜相对应，还有人说客家话、潮州话。

　　方言与地方菜都与一个人对故乡的归属意识相关，所以会体现出一致性。

吴	江蘇省南部・上海市・浙江省北部を含む地域
湘	湖南省の別称
赣	江西省の別称
闽南・闽北	福建省南部・福建省北部

中国には各地にいろいろな方言があり、一般的には、中国語の方言は８種類に分かれます。北方方言・呉方言・湘方言・贛方言・閩北方言・閩南方言・客家方言・広東方言です。これを見ると、八大料理を思い出しませんか？　では、地方料理と一緒に覚えることにしましょう。

　「北方方言」は最大の方言圏で、西南の四川省などの地域まで含みます。ここは、山東料理と四川料理を食べる地域でもあります。もちろん同じ北方方言の中でも、例えば東北方言・天津方言・山東方言には四声や捲舌音の有無、一部の語彙に違いがあります。

　そのほかの７つの方言は「南方方言」に属します。まず呉方言を説明しましょう。「呉」はもともと蘇州付近を指し、蘇州料理を食べる地域です。ただし、呉方言は上海方言・蘇州方言・杭州方言なども含み、やや広い概念です。つまり、浙江料理を食べる地域も含まれています。

　続いて湘（ショウ）方言です。「湘」は湖南省のこと。「湘方言」とは、つまり湖南省の人の言葉です。毛沢東は湖南の人で、彼が話す言葉は、ほとんどの中国人は聞き取れませんでした。

　さらに贛（カン）方言があります。「贛」とは江西省のことですが、「贛方言」といえば江西省、湖北省の人が話す言葉です。

　福建料理を食べる福建省には、閩北方言と閩南方言があります。「閩」は福建省を指し、「閩南」は福建省南部、「閩北」は福建省北部のことです。福建省は山が多く、南北の言葉に違いがあるため、閩南と閩北の人が結婚すると、家では共通語を話さなくてはなりません。

　客家（ハッカ）方言は、北方の中原から福建・広東省に移住した客家の人々の方言です。

　広東方言は「粤（エツ）語」と呼ばれます。香港の人は広東語を話すので、香港の多くの映画や歌で使われ、芸能界では「普通話」と対抗する一大勢力となっています。注意すべきなのは、広東省の人がすべて広東語を話すわけではないことです。客家料理・潮州（チョウシュウ）料理に対応して、客家方言や潮州方言を話す人もいます。

　方言と地方料理は、いずれもその人の郷土愛と結び付いているため、共通性があるのです。

中国电视上为什么有字幕？

日 我在中国看电视时发现，国内节目中也有字幕。中国人看的节目为什么需要字幕呢？

中 因为中国的方言相差很大，如果有人在电视上说方言，观众听不懂。还有的人尽管说的是普通话，但乡音太重，观众也很难听清楚。加上字幕，就解决问题了。

日 原来是这样！我还以为是为了方便外国人呢（笑）。这么一说，我想起来以前在北京问路时，那人口音太重，完全听不懂。对中国人来说，这也是常有的事吗？

中 特别是在大城市里，人们来自全国各地，会有语言不通的情况。可是一般来说，大致能听懂，没什么大问题。

日 那工作上会不会因为语言不通带来麻烦呢？

中 中国人之间,说不同方言的人用普通话能沟通。但是有时去农村或偏远地区，就需要懂那里的方言和普通话的人来翻译了。

日 那好麻烦啊。

中国のテレビにはなぜ字幕がついてるの？

日 中国のテレビって、国内の番組にも字幕がついているよね。中国人が見るのにどうして字幕がいるの？

中 中国は方言の差が大きいから、もしテレビで方言で話す人がいたら、視聴者は分からないんだ。それに「普通話」を話している人でも訛がきついと聞き取れないことがあるしね。字幕をつければ、解決するから。

日 そうなんだ。外国人のためだと思ってた（笑）。そういえば、北京で道を聞いたとき、その人の訛りがすごくて聞き取れないことがあったよ。中国人でも普通にあるの？

中 特に大都市では全国各地から人が集まるから、通じないことはあるよ。でも、普通はなんとか通じれば、あまり気にしないね。

日 ビジネスなどの場面で、言葉が通じなくて困ることはないの？

中 中国人の間では、違う方言の相手同士なら、「普通話」を使えば通じるさ。でも農村や辺ぴな地方に行けば、そこの方言と普通話が分かる人の通訳が必要なんだ。

日 それは大変だ！

10　「国語」と「普通話」はどんな関係？
"国语"与"普通话"是什么关系？

　　喜欢电影、歌曲的人都知道有"国语电影"与"粤语电影"、"国语歌"与"粤语歌"的区别。如果你遇到一个台湾人，他也许会对你说："你的国语讲得很好！"那么，"国语"跟"普通话"是什么关系呢？

　　我们先了解一下"官话"的概念。方言问题自古就有，在王朝时代，只要朝廷的官员之间能沟通就好，官场上说的就是"官话"。西方人来到广东时，当地人说粤语，也叫"白话"，而来自北方的满州官僚(他们被叫做"满大人"mǎndàrén)说"官话"。有人说 Mandarin 这个词就是这样来的。

　　辛亥革命(1911年)后成立了中华民国。作为一个国民国家需要有全国通用的"国语"，于是相关人员投票选北方语言为国语。台湾现在也把它称为"国语"。

　　至于"普通话"，这是中华人民共和国成立(1949年)后，50年代制定的。"普通话"的定义是"以北方方言为基础，以北京语音为基础音，以典范的现代白话文著作为语法规范的现代汉语标准"。目前在使用汉语的地区，听不懂普通话的人应该不多了。虽然各地人说普通话时有地方口音，往往一听就知道他是哪里人，但这不妨碍沟通交流。

　　如上所述，官话、国语、普通话尽管有不同的政治色彩，但都是以北方方言为标准的，可以说大同小异。当然由于大陆与台湾的体制不同，一段时期没有交流，造成台湾的"国语"与大陆的"普通话"在词汇与发音上有些不同。但是全世界的华人说到电影、歌曲时忽略了这些不同，而把用这两者制作的电影与歌曲都称为"国语电影"、"国语歌"，以此来跟"粤语电影"、"粤语歌"区分开来。

官场	官界、官僚の世界
Mandarin	中国王朝時代の官吏を西洋人がこう呼んだことから、「北京官話」（北京の官僚が用いる言葉）を指す言葉となり、現在でも中国の公用語の意味で使われる
口音	訛り
忽略	重要視しない

映画や歌が好きな人は、「国語電影」（共通語映画）と「粤語電影」（広東語映画）、「国語歌」（共通語曲）と「粤語歌」（広東語曲）が違うことを知っているでしょう。台湾の人に出会えば、「あなたの"国語"は上手ですね」と言われるかもしれません。では、「国語」と「普通話」はどんな関係なのでしょうか？

まず「官話」の概念を理解しましょう。方言の問題は昔からありましたが、王朝時代には朝廷の役人の間で意志の疎通ができればよく、官界で使う言葉が「官話」でした。西洋人が広東にやって来た時、現地の人々は「粤語」を話しており、これは「白話」ともいわれます。一方、北方からやって来た満州族の官僚（「満大人 măndàrén」と呼ばれました）は「官話」を話していました。Mandarin（マンダリン）という言葉は、こうして生まれたという説もあります。

辛亥革命（1911 年）の後、中華民国が成立しました。国民国家として全国で通じる「国語」が必要とされ、関係者の投票によって北方方言が「国語」と定められました。台湾では現在も共通語を「国語」と呼んでいます。

一方「普通話」は、中華人民共和国が成立（1949 年）した後、50 年代に制定されたものです。「普通話」の定義は、「北方方言を基礎とし、北京語の発音を基礎音とし、典型的な現代口語文の著作を文法規範とする現代中国語の基準」です。今、中国語が使用されている地域では、「普通話」が聞き取れない人は少ないでしょう。各地の人が「普通話」を話すときには地方の訛りがあり、聞けばどこの出身かが分かりますが、意志の疎通を妨げるものではありません。

こうして見ると、「官話」「国語」「普通話」には異なる政治的意味合いがあるものの、いずれも北方方言を基準としており、大きな差異はないといえます。当然ながら、大陸と台湾とは政治体制が異なり、交流のない時期もあったため、台湾の「国語」と大陸の「普通話」には語彙と発音の上で違いがあります。それでも、全世界の中国系の人々が映画や歌についていうときにはこの違いをあまり問題にせず、両者による映画と歌を「国語電影」「国語歌」と称し、「粤語電影」「粤語歌」と区別しているのです。

日语里为什么不说"Beijing"说"Peking"

日 "北京"用现代汉语念作"Beijing",可不知为什么在日语里念"Peking"。

中 在中国,北京大学的英文名称也是"Peking University"呀。有些专有名词用这种旧拼音。比如说,青岛啤酒写做"Tsingtao Beer"。

日 拼音也有新的和旧的吗?

中 是的。欧洲传教士等人来到中国后,采用拉丁字母来标音。后来,清末还制定了别的拼音来拼写地名。"Peking"好像用的就是清末的拼音。

日 那种拼音跟现在的汉语拼音哪里不同呢?

中 最大的不同点就是当时把 b 和 p 都写做 p,把 zh 和 ch 都写做 ch。也就是说没有把不送气音和送气音分开来写。

日 不分不送气音和送气音的话,日本人更容易学啊(笑)。不过,那种拼音已经很少见了吧。

中 在大陆可以这么说。但在台湾和香港还会用那种拼音来拼写人名地名。比如说,歌星张学友不是 Zhang Xueyou,而是 Jacky Cheung。把 Zh 写成 Ch。

日本語でなぜ「ベイジン」でなく「ペキン」なんだろう？

日 「北京」は現代中国語の発音では「Beijing」なのに、どうして日本語では「ペキン」って読むのかな。

中 中国でも、北京大学の英語の名称は「Peking University」なんだよ。固有名詞には、こういう古いピンイン表記が残っているものがあるんだ。例えば、青島（チンタオ）ビールは「Tsingtao Beer」と書くんだ。

日 ピンインにも、古いものと新しいものがあるの？

中 そうだね。ヨーロッパの宣教師などの人たちが中国にやってきて、ラテン文字を使って発音を表記した。それから清末には別のピンインで地名を表記していたんだ。「Peking」は清末のピンインらしいよ。

日 当時のピンインと、現代中国語のピンインはどこが違うの？

中 最も大きな違いは、当時は「b、p」を両方「p」としたり、「zh、ch」を両方「ch」と表記したりしていたことで、つまり無気音と有気音の違いも書き分けなかったんだよ。

日 無気音と有気音の違いがないなら、日本人にはその方が覚えやすかったかもしれないね（笑）。でも、そういうピンインは、もうめったに見掛けないんでしょう？

中 大陸ではそうだね。でも、台湾や香港ではまだこういうピンインで人名や地名を表記しているんだ。例えば、歌手の張学友は Zhang Xueyou じゃなくて Jacky Cheung。Zh を Ch としているね。

⑪ あいさつの仕方に迷うのですが…。
说客套话时不知如何是好

日语里有许多固定的客套话，比如吃饭前说"いただきます"，回家时说"ただいま"等等。记住这些话后，用起来很方便。可是中国人在这些场合需要随机应变，这也许会让日本人觉得困惑。

就拿打招呼来说吧。刚学汉语的人会以为"こんにちは"就是"你好！"，可是渐渐就会发现，对着许多人要说"大家好！"，见到老师要说"老师好！"，打招呼的方式是因人而异的。

按照中国传统的习惯，"叫人"就是打招呼。比如说早上起来时要叫"爷爷、奶奶、爸爸、妈妈"。如果在路上遇到一个同事带着孩子，他会对孩子说："快叫叔叔。""快叫阿姨。"孩子也许只叫一声"叔叔！""阿姨！"这就是在打招呼了。有时中国人见到你，会笑容满面地叫一声你的名字，并没有下话。那时你不要感到惊诧，他也许只是在跟你打招呼而已。

那为什么要"叫人"呢？ 这跟中国重视宗族的传统有关。对传统的中国人来说，确定人与人之间的辈分关系、尊卑关系是很重要的。比如说父亲方面的"爷爷、奶奶、伯伯、叔叔、姑姑"跟母亲方面的"姥爷、姥姥、舅舅、阿姨"要分开来，伯伯比父亲大，叔叔比父亲小等等。中国的亲属称谓之复杂，不要说外国人，连现在的年轻人也搞不懂。因为他们大都是独生子。

"你好！""您好！"是国家推广的一种礼貌用语，在社交场面用的比较多。不知道怎么称呼对方时，用它也很方便。特别是对外国人，中国人比较喜欢说"你好！"。也有些年轻人会用 Hello、Hi，因为这样比较方便。

中国人之间一般常把上述两者结合起来，说"叔叔好！""阿姨好！"

客套话	あいさつ、交際上の決まり文句
随机应变	臨機応変
叫人	人の名前を呼んであいさつする
宗族	同一父系の親族集団
辈分	（家族・親戚・友人の間の）長幼の順序

日本語にはたくさんの決まり文句があり、例えば食事の前の「いただきます」、帰宅した時の「ただいま」などです。これらの言葉は覚えてしまえば、とても使いやすいものです。ただ、中国人はこういう場合、臨機応変に言う必要があり、日本人には分かりにくいかもしれません。

　あいさつを例に挙げましょう。中国語を勉強し始めたばかりの人は「こんにちは」は「ニーハオ！」だと思っています。ところが、やがて分かるように、大勢の人には「みなさん、こんにちは！」、先生には「先生、こんにちは！」で、あいさつの方法は相手によって変わるのです。

　中国の伝統的な習慣では、「相手に呼び掛ける」ことがあいさつです。例えば朝起きた時には「お爺さん、お婆さん、お父さん、お母さん」と呼び掛けます。道で子どもを連れた同僚と出会ったら、その人は子どもに「早くおじさんと呼びなさい」「早くおばさんと呼びなさい」と言います。子どももひと言「おじさん！」「おばさん！」と言い、これがあいさつになります。中国人に会った時、満面の笑みでひと言名前を呼ばれ、その後の言葉はないことがあります。変に思う必要はなく、その人はただ、あいさつしただけかもしれないのです。

　では、なぜ「相手に呼び掛ける」のでしょうか？　これは中国では宗族が重視されるという伝統と関係します。伝統的な中国人にとって、人と人との長幼の関係、貴賎の関係を確定することが重要です。例えば父方の「爷爷、奶奶、伯伯、叔叔、姑姑」は、母方の「姥爷、姥姥、舅舅、阿姨」と区別します。父親より「伯伯」は年上、「叔叔」は年下です。中国の親族名称は複雑で、外国人はもとより、今の若い人も分かりません。みんな一人っ子だからです。

　「你好！」「您好！」は国家が推奨する儀礼的な言葉で、社交の場面ではよく使われます。相手にどう呼び掛けたらいいか分からないときは、これを使うと便利でしょう。特に外国人に対しては、中国人は「你好！」を好んで使います。若い人は使い勝手のよい「Hello」「Hi」を使うこともあります。

　中国人の間では、普通これらを組み合わせて「叔叔好！」「阿姨好！」などと言っています。

吃饭前该说什么？

日 中国人吃饭前什么都不说吗？ 日本人不说些什么，会觉得怪不自在的。

中 中国没有饭前一定要说一句话的习惯。要吃饭时，互相谦让一下，让长辈先动筷子。有人会说："那我不客气了"。吃一口以后，最好夸奖一下饭菜等等。

日 那对中国人来说，日本的习惯很奇怪吗？

中 不会觉得奇怪。反而会觉得，有固定的说法就不用考虑怎么夸饭菜了，所以很方便。正因为在传统的中文里没有吃饭前先宣告一下的想法，台湾的年轻人就模仿日文的"いただきます"，说一声"我开动了"再动筷子。

日 那吃完饭以后呢？

中 吃完饭以后，有人说："我吃得太饱了。"有人说："我吃完了，大家慢用啊。"等等，不像日本那样有固定的说法。

日 那么出门和回家时呢？

中 有些中文教课书上教"慢走。""你回来了。"什么的。确实有些人这么说。但不是非这么说不可的。许多人根据当时情况，说得比较具体。比如常说："看样子要下雨了，别忘了带伞。""什么时候回来的？"之类的。

日 还是不用固定的客套话，更能根据场合表达自己的感情啊。

中 各有利弊吧。对于会日语的人来说，有固定的客套话也挺方便的。

「いただきます」って言いたくなったらどうすればいい？

日 中国人は食べる前、何も言わないの？　日本人は、何か言わないとなんだか落ち着かなくて。

中 中国では食事の前に何か言うっていう習慣はないね。食事の時は、お互いに譲り合って、目上の人に先に箸をつけてもらう。「では遠慮なく」と言う人もいるよ。一口食べた後、料理を褒めたりするのもいいね。

日 じゃあ、中国人にとって、日本の習慣は不思議だよね。

中 不思議とは思わないけど、決まり文句があればどうやって料理を褒めればいいか考えなくていいから、楽だよね。伝統的に、中国語には食事の前にひと言言うっていう考え方がないから、台湾の若い人は、日本語の「いただきます」を真似て、「我開動了」と言ってから箸をつける人もいるね。

日 じゃあ、食べ終わったら？

中 食べ終わったら「お腹がいっぱい」「みなさんごゆっくり」とか。日本みたいに決まった言い方はないね。

日 それから、出掛ける時や家に帰った時は？

中 「慢走」とか「你回来了」とか直訳している中国語の教科書もあるね。実際そう言う人もいるよ。でも必ずそう言わなくちゃいけないわけじゃない。状況によって具体的に言う人が多い。例えば「雨が降りそうだよ、傘持った？」とか、「いつ帰ったの？」とか。

日 決まり文句より、臨機応変に言った方が気持ちが伝わるね。

中 それぞれ一長一短だね。日本語ができる人にとっては、決まり文句があるのは便利なんだよ。

⑫ 伝統的な祭日には何をしているの？
传统节日怎么过？

　　中国的节日可分为传统节日跟新节日两种，我们先看传统节日。

　　传统节日的日期较多是按阴历算的。阴历也叫农历，是根据月亮的自转与地球绕太阳的公转运动制定的一种历法。而现在全世界通用的历法叫"阳历"。

　　中国最热闹的节日是"春节"。前一年的最后一天(阴历12月30日)叫除夕，新年的第一天叫正月初一。阴历1月15日过"元宵节"。这一天北方吃元宵、南方吃汤圆。这两种东西看上去差不多，做法不一样。元宵是把馅儿放在干粉上滚出来的，汤圆是用湿粉包出来的。在元宵节有看兔子灯、打灯谜等活动。

　　"清明节"在阳历4月4－6日之间。清明是二十四节气之一。这天前后要去扫墓，有些像日本的"お彼岸"，一些地方要吃青团。阴历5月5日的"端午节"虽然名称跟"端午の節句"差不多，但这一天不是男孩节。传说战国时期楚国的屈原在这一天投河自杀了。乡民为了保护屈原的尸体不被鱼吃掉，就划着船把粽子投入河中喂鱼。所以在端午节要吃粽子，有些地方还举行划龙舟比赛。

　　阴历7月7日过"七夕"，这来源于牛郎织女的故事，据说他们俩只有这一天可以在银河两端相见。现在由于商业炒作，这一天变成了中国情人节。阴历8月15日过"中秋节"，要吃月饼。中秋节前后一般要互送月饼和其他礼物。因为满月象征着阖家团圆，所以全家人要在一起吃饭。阴历9月9日是"重阳节"。这天被定为"老人节"，要吃重阳糕，还有登高。在附近没有山的上海，每年都在电视塔"东方明珠"举办爬楼梯比赛。冬至在阳历12月21－23日之间，要吃补品。

滚	転がす
扫墓	墓参りをする
商业炒作	ビジネスとして宣伝すること
阖家团圆	一家団欒
东方名珠	東方名珠電視塔。上海市の浦東新区にあるテレビ塔

中国の祝祭日は、伝統的な祭日と新しい祝日の2種類に分けられます。まず伝統的な祭日から見てみましょう。

　伝統的な祭日の多くは、「陰暦」によります。「農暦」ともいい、月の自転と、地球が太陽を巡って回る公転で決められた暦です。現在の世界で使われているのは「陽暦」です。

　中国で最も賑やかな祭日は「春節」です。前年の最後の一日（陰暦の12月30日）を「除夕」といい、新年の最初の日が正月の「初一」です。陰暦の1月15日には「元宵節」を過ごします。この日は北方では「元宵」、南方では「湯円」を食べます。この2つは見かけは同じようですが、作り方が違います。「元宵」は餡を乾いた餅粉の上で転がし、「湯円」は水を加えて生地にした餅粉で包んで作ります。この日にはウサギの形をした灯籠を見たり、灯籠に書いたなぞなぞを当てるなどの行事があります。

　「清明節」は陽暦の4月4〜6日ごろです。「清明」は二十四節気の1つ。この日の前後には日本の「お彼岸」のように墓参りに行き、地方によっては草団子を食べます。陰暦の5月5日の「端午節」は、名前は「端午の節句」と似ていますが、男の子の節句ではありません。伝説によれば、戦国時代の楚の国の屈原がこの日、川に身投げをしたといわれています。村人は屈原のなきがらが魚の餌食とならないよう、船を漕いで粽を川に投げ入れ、魚に与えました。そこで端午節には粽を食べるようになり、ドラゴンボートでレースを行う地方もあります。

　陰暦の7月7日は「七夕」。彦星と織姫の物語に由来し、2人はこの日だけは天の川の両岸で巡り逢えるとされます。今ではビジネスチャンスに利用され、中国のバレンタインデーに様変わりしました。陰暦の8月15日は「中秋節」で、月餅を食べます。中秋節の前後には普通、月餅などの贈り物をやりとりします。満月は一家団欒を象徴するので、家族全員が食事をともにします。陰暦の9月9日は「重陽節」。この日は「老人の日」とされ、米粉の蒸し菓子を食べたり、高い所に登ったりします。近くに山のない上海では、毎年テレビ塔の「東方明珠」で階段駆け上り大会があります。「冬至」は陽暦の12月21〜23日の間にあり、栄養のある物を食べます。

第1章 ● 日常生活

第2章 ● 地理歴史

第3章 ● 現代社会

第4章 ● 文化芸術

第5章 ● その他

春节期间做什么？

日 听说中国人春节放长假，那时大家都干什么呢？

中 许多在外工作的人都赶回老家。那时交通非常拥挤，车站广场上挤满了等买车票的人。那叫"春运"。

日 跟日本的正月回乡高峰一样啊。在老家干什么呢？

中 除夕夜里要跟家人亲戚一起吃饭。这叫"吃团圆饭"，这顿饭是最重要的。在北方，吃完年夜饭后一家人开始包饺子，一边看"春节晚会"。晚会上，除了唱歌以外，还有大型舞蹈、相声、小品、杂技、魔术之类的表演。

日 日本也有跟这个差不多的节目。子夜时，中国人静静地听寺庙敲钟吗？

中 12点前后最热闹了，许多人放焰火、放鞭炮。不过最近许多大城市禁止在市中心放了。这时北方吃饺子，南方有的地方吃汤圆。

日 春节期间去寺庙拜拜吗？

中 也有人去寺庙烧头香，但那不是一般的习俗。中国人更重视人际关系，新年开头的几天里要去亲戚家拜年。当然又要一起吃饭。

日 新年到什么时候结束呢？

中 按照旧习俗，商店初五开门，这叫"破五"。前一天的晚上又要放焰火、鞭炮来接财神。春节到这天结束。

春節の休みは何をしているの？

日 中国の人って、春節に長い休みがあるんだよね。みんな何をしてるの？

中 よその土地で働いている人は、ほとんど実家に帰るね。この時期の交通機関は大混雑して、駅は切符を買う人であふれるよ。「春運」というんだ。

日 日本のお正月の帰省ラッシュと一緒だね。実家ではどう過ごすの？

中 大晦日の夜に家族や親戚と一緒に食事するんだ。「吃団円飯」（一家団欒で食事する）といって、これが一番大事。北方では、年越しのご馳走を食べた後に一家で餃子を作りながら、テレビの「春節晩会」を見る。歌だけじゃなくてダンスや漫才、出し物や、雑技とか手品もあるよ。

日 日本にも同じような番組があるよ。年越しには静かに除夜の鐘を聞いたりするの？

中 12時前後に一番にぎやかになって、たくさんの人が花火を上げたり爆竹を鳴らしたりするよ。でも、最近は大きな都市では市街地で鳴らすのを禁止する所が多くなった。この時北方では餃子を食べて、南方では「湯円」を食べる所もあるよ。

日 春節の時には初詣でに行くの？

中 お寺に新年の最初の焼香を上げに行く人もいるけど、一般的な習慣ではないよ。中国人には人間関係の方が大事だから、新年の何日かは親戚まわりをするんだ。もちろん一緒に食事するよ。

日 お正月はいつ終わるの？

中 古い習慣では、店は新年の5日に開いて、これを「破五」というんだ。前の晩にはまた花火や爆竹でお金の神を迎える。春節はこれでおしまいだね。

13 政府が決めた祝日はどういう意味があるの？
国家定的节日有什么含义？

　　新节日是 1949 年新中国成立后制定的节日。因为用的都是阳历，以下就不一一写明了。

　　1 月 1 日是"元旦"，虽然有一天法定假日，但是并不太热闹。不过在台湾，12 月 31 日晚上要放烟火，开跨年演唱会，举行倒计时活动。大陆的年轻人也受其影响，举行庆贺活动。

　　3 月 8 日是"三八妇女节"，全称是"三八国际劳动妇女节"，女性可以放假半天。

　　5 月 1 日是"五一节"，全称是"五一国际劳动节"，放假一天。5 月 4 日是"五四青年节"。这是纪念 1919 年爆发的五四运动而设立的节日。这一天共青团会组织一些活动。共青团是一种年轻人可以参加的组织，全名叫"中国共产主义青年团"。

　　6 月 1 日是"六一儿童节"，这一天不放假，在学校里搞活动的比较多。

　　7 月 1 日是"七一建党节"，这是共产党成立的月的第一天。一般认为共产党成立于 1921 年 7 月 21 日。

　　8 月 1 日是"八一建军节"，这是中国共产党举行南昌起义的日子。

　　10 月 1 日是"十一国庆节"。因为 1949 年 10 月 1 日成立了中华人民共和国。这天是法定假日。

　　在中国的大学里要学习共产党的历史，所以这些日子的由来大家都很清楚。

跨年演唱会	年越しコンサート
倒计时活动	カウントダウンイベント
五四运动	五四運動。1919 年 5 月 4 日に起きた北京大学の学生を中心とした反帝国主義の運動
南昌起义	南昌蜂起。1927 年 8 月 1 日、中国共産党が江西省南昌で起こした武装蜂起

新しい祝日は、1949年に新中国が成立してから決まった祝日です。すべて陽暦を用いるため、以下では特に明記しません。
　1月1日は「元旦」で、法定の休日が1日あるものの、それほど賑やかではありません。ただ台湾では、12月31日の夜に花火を上げたり、年越しコンサートやカウントダウンをしています。大陸の若い人もその影響を受けて、祝賀イベントをしています。
　3月8日は「三八婦女節」、正式には「三八国際労働婦女節」（三月八日国際女性記念日）といい、女性は仕事が半日休みになります。
　5月1日は「五一節」、正式には「五一国際労働節」（五月一日労働記念日）で、一日休日となります。5月4日は「五四青年節」。これは1919年に起こった「五四運動」を記念して設けられた祝日です。この日は「共青団」が行事を行います。「共青団」は若者が参加できる組織で、正式名称は「中国共産主義青年団」といいます。
　6月1日は「六一児童節」（六月一日児童記念日）。休日でなく、学校で行事をすることが多いです。
　7月1日は「七一建党節」（七月一日建党記念日）で、これは共産党が成立した月の最初の日です。一般的に、共産党は1921年7月21日に成立したとされています。
　8月1日は「八一建軍節」（八月一日建軍記念日）で、これは中国共産党が「南昌起義」（南昌蜂起）を起こした日です。
　10月1日は「十一国慶節」（十月一日建国記念日）。1949年10月1日に中華人民共和国が成立したためです。この日は法定の休日です。
　中国の大学では共産党の歴史を学ぶので、この日の由来はみんなよく知っています。

妇女节和教师节里做什么？

日 在日本没听说过"三八国际劳动妇女节"。这是国际性节日吗？

中 在俄国、波兰等旧社会主义国家都有这个节日，所以名字里有"国际"两个字。"五一国际劳动节"的情况也是这样。

日 那天干什么呢？

中 公司给女性职工放半天假，百货店给女性顾客打折扣。

日 我听说中国还有"教师节"？

中 是的。因为中国有尊重老师的传统。经过各种变更，1985年起定在9月10日。在台湾，将孔子的生日8月28日定为教师节。

日 那天学校放假吗？

中 很遗憾不放假。这一天，学生会给老师送些礼物。比如说送花、贺卡、糕点水果什么的。

日 这个习惯真好，日本老师听了一定会很羡慕。

中 不过，特别是在幼儿园、小学里，有些家长为了让老师好好照顾孩子，会送购物卡、化妆品什么的，让老师们很为难。

日 这不是贿赂老师吗？

中 在中国这叫"送礼"啊。不过现在禁止送贵重礼品了。

「女性の日」や「教師の日」には何をするの？

日 「三八国際労働婦女節」（三月八日国際女性記念日）って、日本にはないけど、国際的な祝日なの？

中 ロシアやポーランドなどの旧社会主義国には、みんなこの記念日があるから、「国際」の二文字があるんだよ。「五一国際労働節」（五月一日国際労働記念日、メーデー）も同じだね。

日 この日には何をしているの？

中 会社では女性が半休になるし、デパートでは女性に割引をしたりするよ。

日 中国には「教師の日」もあるんだって？

中 うん。伝統的に、中国には教師を尊敬する習慣があるからね。いろいろ歴史を経て変わったけれど、1985年に今の9月10日になったんだよ。台湾では、孔子の誕生日の8月28日が教師の日。

日 学校がお休みになるの？

中 残念ながらお休みにはならないけど、この日は学生が先生にプレゼントをするんだよ。花、お祝いのカード、お菓子や果物とか。

日 素敵な習慣ね。日本の先生が聞いたら羨ましがるだろうなあ。

中 でもまあ、特に幼稚園や小学校では、保護者の中には、先生に子どもを特別扱いしてもらおうとして、商品券や化粧品なんかを贈る人もいて、先生たちを困らせるんだ。

日 それは先生への賄賂じゃないの？

中 中国では贈り物と言うんだよ。でも今は、高価な品物を贈るのは禁止されているけどね。

14 ハネムーンにカメラマンを連れて行くの!?
蜜月旅行要带上摄影师?

在中国办婚礼可不容易，比如预约婚庆公司、拍结婚照、订礼服和酒席、准备喜糖等，有些需要忙上一整年。

中国人的婚纱照片比日本的"豪华"得多，通常新娘会化浓妆，穿上婚纱、旗袍等，哈韩哈日的人也会穿和服或韩服拍照。一般他们会在摄影棚或者公园、游船上拍照。最近还流行"旅拍"，就是带着摄影师一边旅游一边拍婚纱照。以各地的自然风光为背景拍出来的婚纱照更美丽、更个性化。有些人会在樱花季节来到日本拍照，所以当你看到樱花树下站着美丽的新娘时，千万不要惊奇哦。

以前中国人认为结婚是喜事，应该穿红色；而白色是办丧事时穿的颜色，不吉利。由于中国受西方的影响，对颜色的喜好也发生了转变。越来越多的新娘结婚选择穿白色的婚纱，白色也变为象征纯洁的颜色。那些喜欢传统文化的人也会穿上红色的礼服，举办一场复古婚礼。

婚礼必不可少的就是喜糖，一般都是准备好精美的盒子，里面放上一两颗巧克力，代表"甜甜蜜蜜"。最近也有送蜂蜜和其他糖果的。喜糖不仅送给参加婚礼的每一个人，还要送给公司同事或者朋友、邻居，与他们一起分享幸福。

婚礼中必不可少的就是接亲，即使仪式在晚上，新郎也需要一大早将新娘迎接出来。你如果在路上看到有装饰着鲜花的车队，那一定是迎新车队了，而装饰得最华丽的车里一定坐着美丽的新娘。

如果你有机会，一定要去参加一次中国朋友的婚礼，相信那会是一种特别的体验。那时千万别忘了带"红包"哦。一般朋友的话，600-800元就够了，夫妇两个人出席的话1000元比较普遍，当然关系好就多多益善了。

婚庆公司	ブライダルプロデュース会社
摄影棚	撮影スタジオ
婚纱照	結婚写真
接亲	結婚式の当日に、花婿が花嫁の実家に迎えに行くこと
红包	ご祝儀、祝い金

中国人の結婚式は一大事で、ブライダルプロデュース会社の予約、結婚写真の撮影、礼服やパーティーの予約、「喜糖」（引出物として配る菓子）の準備など、準備にまる一年かかることもあります。

　中国人の結婚写真は日本よりかなり「豪華」で、普通、花嫁は濃い化粧をし、ウエディングドレスやチャイナドレスを身に着け、さらに韓国や日本が好きな人は和服やチマチョゴリを着て写真撮影します。一般的にスタジオや公園、遊覧船などで撮影します。最近は撮影旅行が流行で、カメラマンを連れて旅をしながら結婚写真を撮るのです。各地の自然の風景を背景に撮った写真はより美しく、個性的です。桜の季節に日本で撮影する人もいます。桜の木の下に綺麗な花嫁が立っているのを見ても、どうか驚かないでくださいね。

　以前の中国人は、結婚はおめでたいので赤い服を着るべきで、白は葬式に着る色だから、縁起が悪いと考えていました。ところが、中国も西洋の影響を受けて、色に対する好みも変わりました。白いウエディングドレスを着る花嫁がどんどん多くなり、白も純潔を象徴する色に変わりました。伝統文化を好む人たちは、赤い礼服を着て、昔風の結婚式を挙げます。

　結婚式に欠かせないのは「喜糖」です。普通は手の込んだ箱にチョコレートを何粒か入れて、「甜甜蜜蜜」（甘い愛情）を表します。最近はハチミツやそのほかの菓子も入れます。「喜糖」は結婚式の客に一人一人渡すだけでなく、会社の同僚や友達、近所の人にもプレゼントして、幸せのお裾分けをするのです。

　結婚式の中で、欠かせないのが花嫁を迎える儀式です。もし結婚式が夜でも、花婿はかなり前に花嫁を迎えに行かなくてはなりません。道路で花を飾りつけた車のパレードに出会ったら、きっと花嫁を迎える車の列です。色とりどりの花で飾られた車の中には、美しい花嫁が座っていることでしょう。

　機会があったら、ぜひ中国の友達の結婚式に参加してみてください。きっと特別な体験になるはずですよ。そのときはご祝儀を忘れないで。普通の友達なら、600〜800元で十分です。夫婦で出席するなら1,000元が一般的です。親しい関係なら、多いほどよいのはもちろんです。

出席葬礼要穿白色吗？

日 在中国出席葬礼需要穿白色么？

中 那都是很久以前的事情了，现在的话一般穿黑色、深棕等比较低调的颜色就可以了。以前人们认为白色不吉利，现在这种想法没有如此根深蒂固了。

日 那在葬礼上会有人敲锣打鼓吗？

中 每个地方的习惯不同。有些地方会举办得很浩大,有些地方就办得比较简单。当然这也和家族大小、经济实力等都有关系。

日 雇佣那些敲锣打鼓的人肯定不便宜，听说还会雇佣一些在现场哭的人。

中 中国人不太压制自己的感情，所以殡仪馆里到处是哭天喊地的人。相反日本那样安静的葬礼在中国可能会被认为"没有人情味"。

日 我还看到过在路上烧纸的人，烧的时候还画一个圈。

中 中国人认为烧一些冥币、元宝什么的给过世的人，他在另一个世界就能过上好日子。葬礼的时候也会把这些做陪葬品。

日 前阵子清明节我还见过烧纸房子、纸车子的人呢。

中 清明扫墓的时候有很多人会烧。现在大部分的人是火葬，骨灰放在郊外的墓地里，到了清明节大家就一起出动去扫墓。每年都是一大清早就浩浩荡荡地出城，声势不比春运差哦。

お葬式は白い服？

日 中国のお葬式に出るときには、白い服を着なくちゃいけないの？

中 それはずいぶん昔の話だよ。今は普通、黒とかダークブラウンとか、目立たない色を着れば大丈夫だよ。昔の人は白を不吉だと考えたけど、今はそういう考え方は根強くないから。

日 それと、中国人のお葬式には、銅鑼や太鼓を叩くの？

中 地方によって習慣が違って、盛大にする所も、控えめにする所もある。もちろん家族の人数や、経済力も関係してくる。

日 銅鑼や太鼓を叩く人を雇うのは高いんでしょうね。会場で泣く人を雇うこともあるって聞いたけど。

中 中国人は自分の感情をあまり抑えないから、葬儀場は泣きわめく人ばかりだよ。反対に、日本みたいに静かなお葬式は、中国人は「人情味がない」と思うかもしれないね。

日 それから、道で紙を焼いている人も見たよ。焼く時には丸い形を描いてた。

中 あの世に旅立つ人のために「冥幣」（天国のお金）や「元宝」（昔の通貨）を焼いてあげると、あの世でも幸せに暮らせると考えられているんだよ。お葬式の時には、こういう品物を副葬品にするんだ。

日 前に、清明節のとき、紙の家や紙の車を焼いている人を見たこともあるよ。

中 清明節のお墓参りには、燃やす人が多いね。今はほとんど火葬だから、遺骨も郊外の墓地に埋葬して、清明節になったらみんなで墓掃除に行くんだ。毎年、朝早くから大挙して移動するから、春節の帰省ラッシュみたいに賑やかだよ。

15 休みの日はどうやって過ごすの？
休闲时间做什么？

　　泡泡茶馆，遛遛鸟曾是中国人传统的休闲方式，但是时代不同了。

　　最近在年轻人之间刮起了一阵"下午茶"风潮。大街上到处可以看到各种咖啡店、甜品店，国际上知名的咖啡连锁店或者高级甜品店都来上海落户。有些人会带上一本好书，独自点上一杯咖啡，在咖啡店里度过一个悠闲的下午。

　　类似 LINE Café、Hello Kitty Café 等咖啡店更是吸引了女性的注意。走进那里，你一定会看到"自拍"的美女们，过一会儿她们就会将照片上传到微信、微博，与朋友们一起分享快乐时光。

　　各类 DIY 工作室也是打发时间的好去处。除了一些甜品工坊外，陶艺、插花、油画、银饰等 DIY 也是女孩们喜欢的去处。最近流行种多肉植物，不少白领将自己制作的盆栽放在办公桌上，不仅增添了生命气息，也给办公室加了一抹时尚的色彩。

　　男性们也有自己的休闲方式。很多大学的体育馆会在休息日对外开放，一些小区里也有篮球场、网球场等，热爱运动的人可以约上好朋友打一场球赛。

　　小朋友们会去公园放风筝、滑旱冰，或者去滑冰场学习花样滑冰。老人们会去公园散步，或者打打羽毛球，在小区活动室下下棋、打打牌什么的。现在养宠物的人也非常多，经常可以看到狗爸狗妈妈们牵着狗在街上走，也有骑着车遛狗的人，这也是他们的一种休闲方式。

　　近年来真人 CS、桌游、密室逃脱等新的游艺项目也很受年轻人的欢迎。最初是电脑或者手机游戏，由于人气很高，后来发展成了一种真实的娱乐项目。

　　如果你在中国工作，会怎样度过你的休闲时间呢？

泡茶馆	茶館でのんびりする
遛鸟	鳥籠を提げて散歩する
微信・微博	ウェイシン（WeChat）・ウェイボー（Weibo）。いずれも中国のソーシャルメディア
旱冰	ローラースケート
花样滑冰	フィギュアスケート

茶館でのんびりしたり、小鳥の籠を提げて散歩したりするのが中国人の伝統的な余暇の過ごし方でしたが、時代は様変わりしました。
　最近の若い人たちの間ではアフタヌーン・ティー旋風が巻き起こっています。大きな通りでは至る所にカフェやスイーツの店が看板を出し、上海には国際的に有名なコーヒーチェーンや高級スイーツの店が出店しています。一部の人たちはお気に入りの本を手に、自分のためにコーヒーを注文し、カフェで優雅な午後を過ごすのです。
　LINE Café や Hello Kitty Café のようなカフェは特に女性たちに人気です。足を踏み入れると、きっと自撮りに興じる美女たちを目にするでしょう。彼女たちはすぐに写真を「微信」(ウェイシン)や「微博」(ウェイボー)にアップし、友達と楽しいひとときをシェアしています。
　さまざまな DIY 工房も、暇つぶしにはよい場所です。お菓子作り教室のほか、陶芸、フラワーアレンジメント、油絵、シルバーアクセサリーなどの手作り教室も、女の子たちがよく行く場所です。最近の流行は多肉植物で、自分の作った鉢植えを会社のデスクに置いているホワイトカラーの女性も少なくありません。生命のみずみずしさだけでなく、ちょっとしたお洒落な雰囲気もオフィスに添えています。
　男性たちも自分なりの休日の過ごし方をしています。多くの大学の体育館は休日には開放され、バスケットコートやテニスコートのある地域もあって、スポーツ好きな人は友達と集まって試合をしています。
　子どもたちは公園で凧揚げやローラースケートをしたり、スケートリンクでフィギュアスケートを習ったりします。お年寄りは公園を散歩したり、バドミントンをしたり、地域の集会所で囲碁や中国将棋やトランプをしたり。今はペットを飼う人も多く、わが子のように犬を連れて道を歩く人や、自転車で犬を散歩させる人もよく目にします。これも1つの休日の過ごし方です。
　近年は「真人CS」(サバイバルゲーム)、ボードゲーム、密室脱出ゲームなどの新しいゲームも若い人に人気です。最初はパソコンや携帯電話のゲームでしたが、人気が高まり、後にリアルなレクリエーションとなったものです。
　もし中国で働くことになったら、お休みの日をどうやって過ごしますか？

大人们在公园里干什么？

日 我发现一大早公园里好多人啊，他们在公园做什么？

中 老人比较多吧。他们起得早，喜欢去公园运动运动。一方面可以强身健体，另一方面还可以交到很多朋友。

日 老人们只在早上运动么？

中 一些人喜欢早上运动，也有一些人喜欢晚上运动。最近很多中国大妈热衷于"广场舞"，你晚上经常可以看到路边广场上有许多大妈在跳舞。有些还会穿上演出服，少的时候几个人，多的时候几十人，很壮观。

日 难怪我经常看到大妈们在路边跳舞呢。原来不是在彩排什么节目呀。

中 听说最近那些生活在国外的大妈们也自发组织了广场舞小队呢。比如在美国、澳大利亚等地方都可以看到她们的身影。这也算是一种新的中国文化吧。

日 话说在中国电影里经常能看到人们在路边打牌、下棋，我怎么没看见过啊？

中 可能是因为你住在大城市吧。每个地区的习惯不同，一些小城市仍然在路边可以看到很多打牌、下棋的人。而在大城市，现在的小区里有活动室，那里环境好，人们都去那里打牌、下棋了。

大人が公園に集まって何をしているの？

日 朝早く公園にたくさん人が集まっているのを見たんだけど、公園で何をしているの？

中 お年寄りが多いでしょ。早起きして、公園で運動するのが好きなのよ。体を鍛えられるし、大勢の友達とも交流できるから。

日 お年寄りは朝だけ運動するの？

中 朝が好きな人もいるし、夜に運動するのが好きな人もいる。最近、おばさんたち（50代以上）の間では「広場ダンス」が流行っていて、道路のわきの広場では、夜になるといつも大勢のおばさんが踊っているわよ。衣装を着ている人もいて、少なくて数人、多ければ数十人もいて、壮観よ。

日 どうりで、いつもおばさんたちが道路のわきで踊っているのを見るのね。何かのリハーサルかと思った。

中 最近、国外で暮らしているおばさんたちも、自発的に「広場ダンス」のグループを作っているそうね。アメリカやオーストラリアなどでも見られるそうよ。これも1つの新しい中国文化でしょ。

日 そういえば、中国映画の中では、よく道のわきでトランプや囲碁や中国将棋をしているけど、どうして私は見たことがないのかな？

中 大都市に住んでいるからでしょう。地方ごとに習慣は違って、一部の小都市ではまだ、道端でトランプや囲碁や中国将棋をしている人がたくさん見られるわよ。でも大都市では、今の団地には集会所があって、環境もいいから、みんなそこでトランプや囲碁や中国将棋をしているのね。

キーワード①

葷菜、素菜

　日常生活では、「葷菜」は肉や魚介を使った料理、「素菜」は野菜や豆製品のみを使った料理のこと。もともと「葷菜」とは、ネギ・ニンニクなど匂いの強い野菜（五葷）を指し、仏教や道教では、これらと獣・魚・鳥の肉類を用いる料理が禁じられた。一説によれば、「素菜」と呼ばれる精進料理が生まれたのは、遥か1000年以上も前と言われる。仏教の「素菜」は「倣葷菜」と呼ばれる「もどき料理」が主流で、肉類や魚介類を使わず、見た目も味もそっくりに作る。近年、ヘルシー志向が高い都会では、カジュアルで現代的にアレンジした素菜店も登場している。

工夫茶

　「功夫茶」ともいわれ、主に福建省や広東省、台湾などで見られる喫茶の風習。茶器が小さく精巧で、茶の入れ方、飲み方には作法がある。一般的には「茶壺」といわれる中国茶用の急須を使うが、磁器の「蓋碗」（蓋付きのお碗）を使うこともあり、地方や茶葉の違いによって作法が異なる。また、現在行われている「茶芸」は、「工夫茶」を原型として、70年代後半の台湾で日本の茶道を参考として創始されたと言われ、パフォーマンスとしての要素が強いものも見られる。現在では「中国茶芸師資格」が中国の国家資格として設けられ、日本からの受験者も珍しくない。

拼音

　ピンイン。中国語で音節を音素文字に分け、ラテン文字化して表記する発音表記体系。19世紀後半にイギリスの外交官・中国語学者のトーマス・ウェードが考案したウェード式ローマ字、1906年に中国の地名をラテン文字転写する方法として採用された郵政式ピンインがあり、現在の中国大陸では1958年に制定された「漢語拼音方案」による表記法を用いている。ウェード式ローマ字や郵政式ピンインの表記法は現代のピンインとは異なるが、一部の地名や人名などの固有名詞に残っている。なお台湾ではピンインではなく、1918年に公布された注音符号を現在も用いている。

反切

　　漢字2字の音を組み合わせて、別の漢字1字の音を表す方法。「A、BC反（または切）」の型で表記されるもので、Aという漢字の音を、声母（語頭の子音）の同じB字と、韻母（子音を除いた部分）を同じくするC字の組み合わせで示す。例えば「三、思甘反」なら、「思」の声母"s"と、「甘」の韻母"an"で「三」の"san"という音を表す（現代中国語のピンインで説明した場合）。後漢末に反切を使って漢字音を記した最初の本『爾雅音義』（孫炎）が現れ、20世紀前半の辞書『辞源』(1915)などまで用いられた。反切法による音注は、日本や朝鮮にも影響を与えた。

宗族、輩分

　　「宗族」とは、主に漢民族に見られる同一父系の親族集団を指す。通常、同じ祖先を祀って墓や宗廟（祖先を記念する建物）を守り、同じ姓を名乗り、長男を家父長として地位や財産を受け継ぎ、他家に嫁いだ女性は含まれない。また、長幼の順序（世代の違い）を「輩分」といい、同じ宗族の中では同一世代の名に特定の漢字（輩行字）を用い、世代を明確にする習慣がある。「輩分」の考え方は一般的な人間関係でも生きており、例えば若い女性でも友人の子から「お姉さん」でなく「おばさん」と呼ばれるのは、世代が上の者として敬われるためである。

五四运动

　　第一次大戦のパリ講和会議において、中国側は日本の山東半島権益の返還と二十一カ条要求の破棄を求めていたが、これが拒絶されたため、1919年5月4日に北京大学の学生を中心に広がった反帝国主義を掲げた大衆運動。封建主義・旧文化に反対する新文化運動の側面もあった。五四運動は、ナショナリズムが大衆化した転機として中国共産党に高く評価されており、学生たちが発動した愛国運動であったことから、この日は「青年節」とされている。なお、台湾では1911年の辛亥革命に先立つ武装蜂起を記念し、3月29日を「革命先烈紀念日」、別名「青年節」と呼んでいる。

キーワード①

大妈

　もともとは「おばさん」、年上の既婚女性に対する敬称だが、現在では「中国大媽」は英語で「Dama」ともいわれ、国際的な相場を動かすほどの投機的購入をする中国人中年女性を指す（2013年4月の金市場暴落の際、中国の一般庶民による金購入が国際金融市場を左右したことが話題を集め、店頭で金の宝飾品などを買い漁った中国人の大半が中年女性であったことから）。「大媽」（Dama）には、このような中国の経済的な台頭を背景とした、購買力のある中国人中年女性の意味合いが含まれ、中国国内や海外の中国人居住地で見られる「広場舞」（広場ダンス）のイメージとともに知られている。

地理歷史

第 2 章

地理历史

16 南方と北方の境界線はどこにある？
南方与北方的分界线在哪里？

　　提到中国的南方城市，大家也许会想到广州。其实在中国人的概念里，上海已经是一座南方城市了。那么中国人是怎么区分北方和南方的呢？

　　简单地说，北方以黄河流域为中心，而南方以长江流域为中心，包括更南边的珠江流域。黄河与长江都发源于青海省。黄河呈"几"字形穿过华北平原，流入渤海。而长江流则经云贵高原、四川盆地，一路奔向东海。在秦始皇统一中国以前，黄河流域的文明被称为"华夏"，而长江流域则是"楚"与"吴越"。

　　据说由于黄河经常泛滥，人们通过团结治水，创造出黄河文明。从夏商周到秦汉，许多政权的都城都建在这个地区。日本人也熟悉的"中原"指的就是这里。

　　至于长江流域，其中游流域适于种植水稻，与之相连的洞庭湖被称为"天下粮仓"，这里孕育出了"楚文化"。长江流入东海前，形成了长江三角洲，这里孕育出了"吴越文化"。

　　三国时代之后，汉民族以外的许多民族从北方或西方进入"中国"，原来的"中国人"南迁。比如宋代开拓了南方的珠江流域，建立了一个富庶的地区。而当建立起南北统一的王朝时，就开凿贯通南北的大运河。比如说隋代的大运河，以洛阳为中心，南起杭州，北至北京，把江南的财富源不断地运到北方政治中心。

　　由此可见，在"中国"这片土地上，不断有人涌入，有人迁徙，有争斗掠夺，也有互相学习与融合，北方人与南方人的区别是相对的。

　　但就地理而言，南北之间还是有一条分界线的。在长江流域与黄河流域之间，西边横亘着秦岭山脉，东边流淌着淮河。秦岭和淮河就构成了南方与北方的分界线。

东海	東シナ海
泛滥	氾濫する
富庶	人口が多く物産が豊かなこと
开凿	開削する
迁徙	移動する

中国の南方の都市といえば、皆さんは広州を思い浮かべるかもしれません。でも実は、中国人の概念の中では、上海がもう南方の都市となっています。では、中国人はどうやって北方と南方を区別しているのでしょうか？

　簡単にいえば、北方は黄河流域を中心とし、南方は長江流域を主として、さらに南の珠江流域まで含んでいます。黄河と長江はどちらも青海省に源を発しています。黄河は「几」の字形のように華北平原を横切り、渤海に注ぎます。一方、長江は雲貴高原、四川盆地を経て、一路、東シナ海へ向かいます。秦の始皇帝が中国を統一する以前には、黄河流域の文明は「華夏」といわれ、長江流域は「楚」「呉越」とされていました。

　黄河は頻繁に氾濫したので、人々は協力して治水することを通じて、黄河文明を生み出したといわれています。夏・殷（商）・周から秦・漢にかけて、多くの政権がこの地域に都を置きました。日本人もよく知る「中原」とは、この場所です。

　一方、長江流域は、その中流域は水稲の栽培に適し、長江につながる洞庭湖は「天下の穀物倉庫」と称され、ここで「楚文化」が育まれました。長江は東シナ海に入る前に長江デルタを形成し、「呉越文化」の揺籃（ようらん）の地となりました。

　三国時代の後、漢民族以外の多くの民族は北方または西方から「中国」に入り、元来の「中国人」は南に移りました。例えば、宋代には南方の珠江流域が開拓され、人口が多く物産も豊かな地域が生まれました。また、南北統一王朝が生まれると、南と北を貫く大運河が開削されました。例えば隋代の大運河は、洛陽を中心とし、南の杭州から北の北京に至り、江南の財産をたゆまず北方の政治的中心地に運び続けたのです。

　このように見ると、「中国」という大地には絶えず人が流れ込み、人が移動し、戦争と掠奪を経ながらも互いに学びあい、融合しあい、北方人と南方人の区別は相対的なものになっていったのです。

　ただ地理について言えば、南北の間には１本の境界線があります。長江流域と黄河流域の間には、西側に秦嶺山脈が横たわり、東側には淮河が流れています。秦嶺山脈と淮河が、南北の境界線であるといえます。

"河"是黄河,"山"是哪里?

日 中国的面积是日本的 25 倍。山川河流都很多,实在记不过来啊。

中 确实很大,都说中国的面积是 960 万平方公里。而且各地情况都很不同。

日 是啊,有时省名跟实际的地方对不起来。对了,中国一些省名中有"东、西、南、北"吧。

中 是的,比如河北省跟河南省之类的邻近的省用南北来表示。

日 这里的"河"是指哪条河呢?

中 原来是指黄河的。不过漫长历史中,黄河好多次改道,现在河南省在黄河的南北两岸。

日 是吗。那山东省跟山西省的"山"呢?

中 原来应该是指太行山脉吧。不过实际上,太行山脉如今在山西省与河北省、河南省的交界。

日 湖北省与湖南省的"湖"我知道!是洞庭湖吧。

中 对! 把中国各省的名称跟地理特征联系起来,就容易想像些了。

「河」は黄河だけど、「山」といえばどこ？

日 中国の面積は、日本の 25 倍もあるんだって。山や川もたくさんあって、とても覚えられないなあ。

中 確かに広いし、中国の面積は 960 万 km² もあるからね。地方によって変化に富んでいるし。

日 そう、省の名前と場所がなかなか一致しなくて。そういえば、中国の省の名前には「東、西、南、北」を使ったものがあるよね。

中 そうだね。河北省と河南省とか、隣り合った省の関係を南北で表しているね。

日 この「河」は何の川なの？

中 もともと黄河の意味だったんだけど、黄河は長い歴史の間に何度も河道を変えているから、今は河南省は黄河の南北にまたがっているね。

日 そうなんだ。じゃあ、山東省と山西省の「山」は何なの？

中 それはもともと太行山脈のことだったはず。実際は、太行山脈は今の山西省と河北省、河南省の境界部分にあるんだ。

日 湖北省と湖南省の「湖」は分かった！ 洞庭湖でしょう。

中 当たり！ 中国の省の名前は、地理と関係付ければ少し想像しやすくなるね。

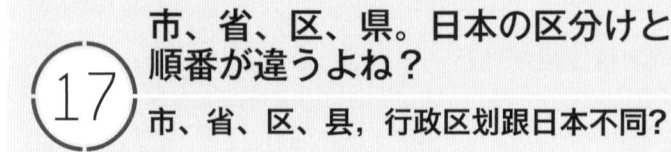

17 市、省、区、県。日本の区分けと順番が違うよね？
市、省、区、县，行政区划跟日本不同？

看到北京市、四川省、内蒙古自治区、怀柔县等地名，你也许想知道它们是按什么原则来区分的呢。

主要有两个原则。一是行政区分为省、地、县、乡四个级别。同样是"○○市"，可能是省级的直辖市(如上海市)，也可能是地级市(如广州市)、县级市(如曲阜市)。二是地名中体现出城市与乡村的区别。下面我们稍微具体地看一下。

省级行政区包括23个省、4个直辖市、5个自治区和2个特别行政区。4个直辖市是北京市、上海市、天津市、重庆市。直辖市下有区和县，比如说上海市有静安区、崇明县等。

5个自治区是内蒙古、西藏、新疆维吾尔、宁夏回族、广西壮族自治区。在民族自治区下有市、县、盟、旗等。如在内蒙古自治区里，除了蒙古族外，还居住着其他少数民族，因此有如鄂温克族自治旗等的自治地区。2个特别行政区是香港和澳门。

地级行政区包括一些规模较大的重要城市。如广东省的广州市、辽宁省的沈阳市和大连市、陕西省的西安市、山东省的济南市等。在地级市下也会有市，那是县级市，比如在济南市下面的曲阜市。

那么市、区跟县有什么不同呢？这与中国传统的"城"的形式有关。中国的"城"是由城墙围起来的一块很大的地区，相当于现在的城市。以前官员、生意人等住在城里，而农民住在城外乡下。这就形成了"城"与"乡"两个区域。这一城乡区别反映在当今地名中。市、区设在城市内，镇也是居民比较密集的地方，这些地区是相当于"城"的部分。而县、乡一般拥有广大的土地，相当于"乡"的部分。

懂了上述两项原则，中国的地名就容易理解一些了吧。

盟・旗	いずれも内モンゴル自治区の行政単位
鄂温克族	エヴェンキ族

北京市、四川省、内モンゴル自治区、懐柔県などの地名を見ると、いったいどんなルールで区別されているのかと思うかもしれませんね。

　主なルールは２つです。第一に、行政区画は省級、地級、県級、郷級の４つのレベルに分かれます。同様に「○○市」は、省級の直轄市（例えば上海市）、地級市（例えば広州市）、県級市（例えば曲阜市）の場合があります。第二に、地名には都市と農村の違いが表れています。以下、少し具体的に見ていきましょう。

　省級の行政区画には、23の省、４つの直轄市、５つの自治区、そして２つの特別行政区が含まれます。４つの直轄市とは北京市、上海市、天津市、重慶市です。直轄市の下には区と県があり、例えば上海市には静安区、崇明県などがあります。

　５つの自治区とは、内モンゴル、チベット、新疆ウイグル、寧夏回族、広西チワン族自治区です。民族自治区の下には、市、県、盟、旗などがあります。例えば内モンゴル自治区には、モンゴル族以外にその他の少数民族も居住しているため、エヴェンキ族自治旗などの自治地域があります。２つの特別行政区とは、香港とマカオです。

　地級の行政区画には、規模が大きく重要な都市が含まれます。例えば、広東省の広州、遼寧省の瀋陽市や大連市、陝西省の西安市、山東省の済南市などです。地級の下にも市があり、それは県級市となって、例えば済南市の下には曲阜市があります。

　それでは、市・区と県にはどんな違いがあるのでしょうか？　中国の「城」は城壁に囲まれた広大な地域で、現代の都市に相当します。これは中国の伝統的な「城」（都市）の成り立ちと関係があります。かつて官吏や商人などは「城」の中に住み、農民は「城」の外に住んでいました。こうして「城」と「郷」（農村）という２つの地域が形成されました。この都市と農村の区別は現在の地名の中にも生きています。市・区は都市の中にあり、鎮も住民が密集した場所であり、これらは「城」の部分に相当します。一方、県と郷は一般に広大な土地を持ち、「郷」の部分に相当します。

　上のようなルールを理解すれば、中国の地名はいくらか分かりやすくなるでしょう。

车牌上的"冀"是指哪里？

日 我一直想知道，中国的车牌上写的汉字是什么意思。比如说"京"啊，"冀"啊。

中 那是省与市的简称，是按照行政区划决定的。"京"是北京市，"冀"是河北省。

日 是吗。用的不是"北"啊，"河"啊，挺难懂的。

中 说到"冀"呢，河北省以前叫"冀州"，"冀"就是从那里来的。再比如山西省的"晋"是从春秋时代的晋国这个名称来的。

日 这些都跟历史有关啊。挺有意思的，但很容易搞混。

中 其实，不光车牌号码，在日常生活的各种场合也会遇到这些字，慢慢就习惯了。比如说在一些餐厅的招牌上，常能看到表示广东菜的"粤菜"和表示湖南菜的"湘菜"等吧。

日 有道理。在生活中也常用啊。

中 还有，说铁路线路时也常用各省市简称，所以记住会比较方便。比如说"京沪高铁"就是从北京到上海的高铁。其中的"沪"指的就是上海。

ナンバープレートの「冀」ってどこ？

日 前から気になってたんだけど、中国の車のナンバープレートって、漢字で何か書いてあるよね。「京」とか「冀」とか…。

中 ああ、それは省とか市の略称で、行政区分によって決まっているの。「京」は北京市、「冀」は河北省だよ。

日 そうなんだ。「北」や「河」の字を使っているわけじゃないから、ちょっと分かりにくいよね。

中 「冀」なら、河北省の昔の名前の「冀州」から来ているんだ。山西省の「晋」なら、春秋時代の晋という国名に由来しているよ。

日 歴史と関係あるんだね。面白いけど、なんだか紛らわしいなあ。

中 実は、車のナンバー以外にも、生活の中のいろんな場面でこういう字を目にするから、そのうち慣れるよ。例えばレストランの看板でも、広東料理の「粤菜」とか、湖南料理の「湘菜」とか。

日 そうか。生活の中でもよく使われているんだね。

中 あとは、鉄道の路線名にも各省の略称が使われることがあるから、知っておくと便利だね。例えば「京滬（沪）高速鉄路」は、北京と上海を結ぶ高速鉄道で、「滬」は上海のことだよ。

18 なぜ「炎黄の子孫」というの？
为什么叫"炎黄子孙"？

　　中国人，包括海外华人常自称"炎黄子孙"。意思是说自己是炎帝与黄帝的后代。炎帝与黄帝都是传说中的人物。要了解他们，就需要知道一些中国的神话传说。

　　古代中国人认为世界原来处于混沌之中，一个叫盘古的人用斧头砍了过去，于是，轻而清的东西上升，重而浊的东西下沉，渐渐分出了天与地，这叫"盘古开天地"。

　　某一日，有两位神打架，撞倒了一座支撑着天的大山，天快要塌下来了。于是来了一位叫"女娲"的神。她找来五彩石把天补好。这叫"女娲补天"。女娲休息时用泥土捏了一些泥人，于是有了人类。

　　传说女娲的父亲是燧人，他教会了人们用火。她的哥哥叫伏羲，教会人们结网捕捉鸟和鱼，并发明了八卦。还有一位叫"神农"的人遍尝百草，为人们寻找草药。有人把燧人、伏羲、神农称为"三皇"。神农就是炎帝，在日本的汤岛圣堂里也设有祭拜他的"神农庙"。

　　此外还有关于"五帝"的传说，有人说"五帝"是黄帝、颛顼、帝喾、尧、舜五位帝王。传说在黄帝朝，史官仓颉造出了文字。并传说舜帝命令一位叫"禹"的人治水。他三过家门而不入，最后治理好了黄河。舜帝便将帝位禅让给他。禹开创了夏朝。

　　夏曾被视为一个传说中的王朝，但现在认为它是存在的。夏朝之后是商朝(殷商)和周朝，三个朝代称为"夏商周"。如果从商朝开始算起，中国有四千年文明史，而将夏朝以及之前的神话时代都算进去的话，就是"中华五千年"了。

　　"炎黄子孙"这个称呼反映了全世界华人的归属意识。

砍	（刀や斧で）たたき切る
撑	支える
塌	（大きなものが）崩れる、倒れる
三过家门而不入	禹は黄河の治水工事に際し、家の前を三たび通りかかっても入らないほど没頭したという故事
禅让	禅讓。皇帝が位を他人に譲ること

中国人は、多くの海外の中国系の人々も含めて、自分のことを「炎黄の子孫」と自称します。その意味は、自分は炎帝と黄帝の後裔だということです。炎帝と黄帝は、どちらも伝説の中の人物です。2人のことを知るには、中国の神話や伝説を知っておく必要があります。

　古代の中国人は、世界はもともと混沌の中にあり、「盤古」という人が斧で断ち切ったため、軽く清らかなものが舞い上がり、重く汚れたものが沈み、次第に天と地が分かれたと考えました。これが盤古の天地開闢（てんちかいびゃく）です。

　ある日、2人の神様がケンカをして、天を支えていた大きな山を倒してしまいました。天は今にも崩れそうになりました。そこに「女媧」という神が現れ、五彩石を見つけて天を補修しました。これを「女媧補天」（女媧、天を修復する）といいます。女媧は休み時間に泥をこねて泥人形を作り、人類が生まれました。

　伝説によれば、女媧の父親は「燧人」で、人々に火を使うことを教えました。また、兄は「伏羲」で、網を作って鳥や魚を捕えることを教え、八卦を発明しました。さらに「神農」はあらゆる植物を食べ、人々のために薬草を探しました。燧人・伏羲・神農を「三皇」と呼ぶこともあります。神農は炎帝のことで、日本の湯島聖堂にも彼を祀った「神農廟」があります。

　このほかに「五帝」の伝説があります。「五帝」とは、黄帝・顓頊（せんぎょく）・帝嚳（ていこく）・堯・舜の5人の帝王だともいわれています。伝説では黄帝の時代、歴史官の倉頡（そうけつ）が文字を作りました。また、舜帝の命令で「禹」という人が治水を行い、禹は自分の家を三たび通りかかっても入らないほど真剣に事業に取り組み、ついに黄河の治水に成功しました。そこで舜帝は禹に帝位を譲り、禹は夏王朝をひらきました。

　夏王朝については、かつては伝説の中の王朝だと考えられていましたが、現在では実在したと考えられています。夏王朝の後は殷（商）そして周王朝となります。3つの王朝を「夏商周」と呼びます。殷（商）時代から数えれば、中国には四千年の文明史があり、夏王朝とそれ以前の神話時代を入れれば、中華五千年の歴史となります。

　「炎黄の子孫」という言葉は、全世界の華人の帰属意識を反映しているのです。

有没有尽人皆知的传说故事？

日 中国有什么著名的传说故事吗？

中 这就多得数不清了。最有名的是"四大民间传说"。什么来着，对了，就是七夕传说、孟姜女、白蛇传、梁山伯与祝英台。

日 说到七夕传说，日本人也知道啊。是牛郎织女的故事吧。

中 是的。中国的阴历 7 月 7 号跟 2 月 14 号一样是"情人节"，情侣要在一起，男士要送花给女士。

日 情人节一年有两回？ 真羡慕。

中 还有，孟姜女讲的是秦始皇时代，一个为修长城的丈夫送棉衣的女子的故事。故事里说，听到丈夫死讯后，孟姜女哭倒了长城。

日 听着都觉得好悲惨啊。

中 白蛇传讲的是，在南宋时代，白蛇精变成一个女子来游西湖，认识了一个书生，不久两人落入情网。可就在他们快要成亲时，被一个和尚识破，结果白蛇被压在雷峰塔下。

日 西湖我去过，雷峰塔也见过。

中 最后是梁山伯与祝英台的故事。他们也被称为"中国的罗密欧与朱丽叶"。关于这些传说故事，在书店能看到一些图画书，好多孩子都知道。

日 那我下次一定要去看看。也想读一些别的传说故事。

誰でも知っている中国の昔話ってある？

日 中国にも有名な伝説や昔話があるの？

中 数え切れないけど、有名なのは「四大民間説話」かなあ。何だっけ、そうそう『七夕伝説』、『孟姜女』、『白蛇伝』、『梁山伯と祝英台』。

日 七夕伝説なら日本人も知っているよ。織姫と彦星の話でしょう。

中 そう。中国では、旧暦の7月7日は2月14日と並んでバレンタインで、カップルで過ごしたり、男性から女性に花を贈ったりするんだよ。

日 バレンタインが1年に2回あるの？　いいなあ！

中 それから『孟姜女』は、秦の始皇帝の時代、万里の長城の工事に駆り出された夫のために冬着を送り届けようとした女性の話。物語によれば、夫の死の知らせを聞いて、孟姜女の涙で長城が崩れたそうだよ。

日 聞くだけでとても悲しい話ね。

中 『白蛇伝』は、南宋時代、白蛇の精が人間の女性に変身して西湖で遊んでいると、ある書生と出会って恋に落ちたんだ。ところが結婚の直前に和尚に見破られて、白蛇は雷峰塔に閉じ込められてしまったんだ。

日 西湖なら行ったことがあるよ。雷峰塔も見たよ。

中 最後に『梁山伯と祝英台』は、「中国のロミオとジュリエット」ともいわれているんだよ。こういう昔話は、本屋さんに行けば絵本もあって、だいたい子どもたちも知っているよ。

日 じゃあ、今度見てみるね。ほかにも昔話をいろいろ読んでみたいなあ。

19 なぜ「華夏の子孫」というの？
为什么叫"华夏子孙"？

　　在日本有中华街，中国菜被叫做中华料理。下面我们来看看"中华"这个概念，以及"中华"跟"礼"的关系。

　　殷商之后是周朝。周的制度是把土地分给亲戚和有战功的人，这叫"分封建制"，就是"封建"的原意。于是在周天子之下，有了齐、鲁等"国"。后来，周王朝受到周边民族的攻击，势力衰落下去，而各"国"强大起来，这个时代也称为春秋、战国时代。

　　那时各国还要抵御周边民族的进攻。所以各"国"要团结，于是就说我们都是"中华"或"华夏"族人，而周边民族是"夷狄"。

　　有趣的是，当时的人不仅强调血缘关系，而且强调文化特征。他们认为"中华"或"华夏"的特征在于"礼"，就是说重视尊卑长幼之序，男女之别。

　　强调"华夏"与"夷狄"之区别在于"礼"造成了他们用自己的生活习惯来衡量别的民族。比如说，认为用火的饮食比较文明，而生食比较野蛮。服饰上的不同也会成为被嘲笑的对象。这一点让即使接受中国礼俗的地区也感到不满。

　　不过在另一方面，当时人认为，只要懂得"礼"，谁都可以进入"中华"或"华夏"世界来。之后南方的楚、吴、越等文化也被接纳到"中华"或"华夏"中来，例如春秋五霸中包括楚国、吴越的国王。这样一来，原来在黄河流域的"华夏"扩大了，南方与北方在政治上都成为了"华夏"。

　　后来当中国人受到其他民族威胁，需要强调各地的汉族团结时，就会提起"中华"或"华夏"来。其中既有危机感，也包含着对"礼"的自豪感。

衡量　　　　　判断する、推量する
威胁　　　　　脅威
自豪感　　　　自負心

日本には中華街があり、中国料理は中華料理といわれています。ここで「中華」の概念と、「中華」と「礼」の関係を見てみましょう。

　殷（商）王朝の後には周王朝が続きます。周の制度は、土地を親族や戦功のあった人に分け与えるもので、これを「分封建制」といい、「封建」の原義です。こうして周の天子の下、斉・魯などの「国」ができました。その後、周王朝が周辺民族の攻撃を受け、その勢力が衰退すると、各「国」が強大となり、この時代を「春秋・戦国時代」とも称します。

　当時、各国は周辺民族の侵攻にも対抗する必要に迫られていました。そこで各「国」が団結する必要があるため、自分たちはすべて「中華」または「華夏」族の人間であると称し、周辺民族は「夷狄（いてき）」と呼んだのです。

　興味深いことに、当時の人々は血縁関係を重視するだけでなく、文化的特徴をも重んじていました。「中華」または「華夏」の特徴とは、身分や長幼の順序、男女の別を重んじる「礼」にあると考えていました。

　「華夏」と「夷狄」の違いは「礼」にあると強調することは、自分たちの生活習慣をもとに他民族を評価することにつながりました。例えば、火を使った飲食は文明的だが、生食はそれに比べて野蛮だと考えられました。服装の違いも嘲笑の対象でした。この点では、中国の礼儀や習俗を受け入れた地域でも、不満を生み出しました。

　ただし別の面では、当時の人々は「礼」さえ理解すれば、誰でも「中華」あるいは「華夏」の世界に入ることができると考えていました。以後、南方の楚・呉・越などの文化も「中華」「華夏」に融合され、例えば「春秋の五覇」には楚・呉・越の国王が含まれています。こうして、元来の黄河流域の「華夏」は拡大し、南方と北方は政治上、いずれも「華夏」となりました。

　その後、中国人が他民族の脅威にさらされ、各地の漢民族の団結を呼び掛ける必要があるときに、「中華」や「華夏」が使われます。そこには危機感と「礼」への自負が入り混じっています。

中国人是"龙的子孙"？

日 说到中国，离不开熊猫。它在神话里也出现过吗？

中 一般中国人不这么觉得。不过，也有人考证出，在古代大禹治理黄河时，有一条龙来帮忙，龙身上的跳蚤后来变成了熊猫。

日 是吗。不过，比起熊猫，还是龙厉害得多啊。在传统建筑与中式服装上常看到龙的图案。在日本的中华街也常有舞龙表演。

中 是啊。虽然龙是想像出来的动物，但据说刻在商代甲骨文中，后来变成了皇帝权力的象征。现代还流行过《龙的传人》这首歌呢。歌里说，中国人都是龙的子孙。

日 龙的子孙？！ 真这么想吗？

中 这是一种比喻，怎么会有人当真呢（笑）。说到民族起源、民族团结时就把龙拿出来了。

日 日本没有龙之类的象征，不过有些传说跟龙有关。

中 是吗。 都有些什么传说？

日 比如说在《古事记》神话里提到的八岐大蛇就是一条长着九个脑袋的蟒蛇，跟龙很像。还有，在浦岛太郎传说里提到海底龙宫城。也不知道跟中国的龙有什么关系。

中国人は「龍の子孫！？」

日 中国といえばパンダだけど、神話にも登場するの？

中 一般的にはそう思ってないよ。でも、ある人の研究では、古代の禹王が黄河の治水をした時、手助けをした龍の体にいたノミがパンダになったそうだよ。

日 そうなんだ。でも、やっぱりパンダより龍の方がずっと偉いみたいだね。伝統的な建築とか中国服の装飾にも、よく龍が使われているし。中華街ではよく龍舞をやっているよね。

中 そうだね。想像上の動物だけど、殷（商）の時代の甲骨文にも刻まれていて、後には皇帝の権力を象徴するようになった。現代でも、『龍的伝人』（龍の子孫）という歌が流行ったこともあるよ。その歌では、中国人はみんな龍の子孫だと言っているんだよ。

日 龍の子孫！？　本当にそう思っているの？

中 レトリックだよ。誰も本気で子孫だと思っているわけじゃないよ（笑）。民族的なルーツとか、一体感を表現したいときに、龍が使われているといっていいね。

日 日本人には龍みたいなシンボルはないけど、龍と関係のありそうな話があるね。

中 そうなの？　どんなお話があるの？

日 例えば、『古事記』の中の神話に登場するヤマタノオロチは９つの頭を持った大蛇で、龍にも似ているね。それから、昔話の『浦島太郎』には、海の中の龍宮城が出てくるよ。中国の龍とのつながりはよく分からないけどね。

20 なぜ「漢民族」ともいうの？
为什么又叫"汉族"？

下面我们就来看看秦汉至隋唐的历史。

在英语里，中国叫 China，据说这与"秦"有关。公元前 211 年，秦王嬴政灭六国后，把"皇"与"帝"合起来自称"皇帝"。秦始皇不仅统一了文字和度量衡，更重要的是把周朝的"国"改变成"郡"或"县"，建立了一个"皇帝、郡县、官僚"三位一体的王朝。这个体制可以说一直继承到了清代的末代皇帝——爱新觉罗·溥仪。

秦王朝仅两代就被推翻。来自底层的刘邦与原楚国贵族项羽从联手抗秦到互争天下，演出了日本人也相当熟悉的鸿门宴、四面楚歌等历史故事。公元前 202 年，刘邦建立了汉朝。当时的文字从小篆变为隶书，横竖分明起来，此后这些文字一直被叫做"汉字"。而"华夏"族也被称为"汉人"。这就是"汉族"一词的起源。

汉代末年，爆发了黄巾之乱。各地豪杰纷纷起兵，历史进入了著名的三国时代。最后魏的将军司马炎取代曹氏，灭了吴，建立了晋朝。晋朝之后的南北朝又进入一个分裂时代。北方民族进入中国，于是大批汉人渡过长江，在其下游流域（江南）建立政权，并与当地的文化融合起来。

经过了许多战乱后，隋炀帝建立了隋朝。此时开凿了从现在的北京附近通往杭州湾的大运河，通过黄河把江南与中原连接了起来。之后的唐代是一个相当国际化的王朝。都城长安位于汉民族生活圈与西方的游牧民族生活圈交叠的地点，因此吸收了许多来自中东的文化。

隋唐都是官僚制的王朝，需要许多文职官员。当时出现的一个比较重要的变化就是通过考试来选拔官员，以取代世袭制，这就是科举考试。

小篆	漢字の古書体。秦代に大篆（金文から派生した複雑な書体）を簡略化して作られたものとされる
隶书	篆書の曲線を直線的なものとし、字画も簡略化した書体。
黄巾之乱	黄巾の乱。後漢末期の 184 年、張角を首領とする農民が起こした反乱。太平道を奉じ、黄色い布を付けて決起したことからこう呼ばれる

以下では、秦・漢から隋・唐時代の歴史を見てみましょう。

　英語では中国を「China」といい、これは「秦」に関係するといわれています。紀元前211年、秦王の嬴政（えいせい）は六国を滅ぼすと、「皇」と「帝」を組み合わせて「皇帝」と名乗りました。秦の始皇帝は文字と度量衡を統一しただけでなく、さらに重要なことには、周王朝の「国」を「郡」と「県」に変え、「皇帝、郡県、官僚」を三位一体とする王朝を作りあげました。この体制は、清朝のラスト・エンペラー───愛新覚羅溥儀まで継承されたといえます。

　秦王朝はわずか2代で倒されます。庶民出身の劉邦と楚国の貴族であった項羽が協力して秦に対抗してから、互いに天下を争うに至るまでは、日本人もよく知る「鴻門の会」や「四面楚歌」の歴史的故事となりました。紀元前202年、劉邦は漢王朝を打ち立てます。当時の文字は小篆（てん）から隷書に変わり、横画と縦画が明確になりました。この後、この文字が「漢字」と呼ばれ続けています。また、「華夏」族も「漢人」と呼ばれ、これが「漢族」という言葉の起源となりました。

　漢代の末期には、「黄巾の乱」が勃発しました。各地の豪族が次々に挙兵し、歴史は著名な三国時代に入りました。最後に、魏の将軍である司馬炎が曹氏に取って代わり、呉を滅ぼして晋朝を創始します。晋朝の後の南北朝時代には、再び分裂の時代となりました。北方民族が中国に侵入したため、大勢の漢族の人々が長江を渡り、その下流域（江南）で政権を建て、現地の文化と融合したのです。

　多くの戦乱を経て、隋の煬帝が隋朝を建てます。この時、現在の北京付近から杭州湾に通じる大運河が開削され、黄河を通じて江南と中原が結び付きました。この後の唐代は、国際化した王朝です。都の長安は漢民族と西方の遊牧民族の生活圏が交わる地点にあるため、中東からやって来たさまざまな文化を吸収しました。

　隋・唐はいずれも官僚制の王朝であり、多くの文官を必要としました。この時代に現れた重要な変化は、試験で役人を選抜し、世襲制に代えたことであり、それが「科挙」だったのです。

"汉语"跟"中文"的词义不同？

日 你知道吗，在日本的学校里也学汉诗。

中 汉诗？ 是刘邦写的《大风歌》之类的诗吗？

日 什么意思？

中 "汉诗"是不是指汉代的诗歌？

日 不是的。日本人说的"汉诗"是指中国古代的诗歌。

中 原来是这样。在中国,诗歌有各种形式。其中最著名的是"诗、词、曲"。"诗"里又分"古体诗、律诗、绝句"等。并且按照时代可分为"唐诗、宋诗、清诗"等。宋代人词写得很好，"宋词"很有名。

日 中国把诗分得好细啊。不过"汉语"这个词里也有"汉"这个字，你会觉得那是指汉代的语言吗？

中 我被你问住了！

日 开个玩笑。不过我一直不懂"汉语"跟"中文"有什么不同。

中 都差不多的。就像"英语"和"英文"、"日语"和"日文"一样。以前常用"中文"这个词。后来大概是国家考虑到少数民族的存在，就较多使用"汉语"了。现在提到教外国人中文，会说"对外汉语教育"。

日 那"汉语"这个词台湾人也常用吗？

中 台湾人不太用"汉语"这个词。他们习惯说"华语"。

日 这让我想起了"华夏子孙"跟"汉人"的历史。没想到中国人对"华"跟"汉"这两个字好敏感啊。

「漢語」と「中文」はどう違うの？

日 知ってる？　日本の学校でも漢詩を習うんだよ。

中 漢詩？　劉邦の『大風歌』のような詩のこと？

日 どういう意味？

中 「漢詩」って、漢代の詩のことを言ってるんじゃないの？

日 そうじゃなくて、日本人の言う「漢詩」は、中国古代の詩のことだよ。

中 そうなんだ。中国では、詩にはいろんな形式があるんだよ。一番有名なのは、「詩、詞、曲」だね。「詩」の中にはさらに「古体詩、律詩、絶句」などがある。しかも、時代によって「唐詩、宋詩、清詩」などに分かれるんだよ。宋代の人は「詞」が上手で、「宋詞」は有名だよ。

日 中国では詩が細かく分かれているんだね。でも、「漢語」という言葉の中にも「漢」の字があるけど、これも漢代の言葉を指しているんだと思う？

中 鋭いね！

日 冗談だよ（笑）。でも、ずっと「漢語」と「中文」はどこが違うのか、分からなかったんだ。

中 だいたい同じだよ。「英語」と「英文」、「日語」と「日文」みたいにね。昔は「中文」という言葉を使っていたけど、その後、たぶん政府が少数民族の存在を意識するようになって、「漢語」を使うことが多くなったんじゃないかな。今では、外国人に中国語を教えることを「対外漢語教育」と言うことがあるよ。

日 じゃあ、「漢語」という言葉は、台湾の人もふだん使うの？

中 台湾ではあまり「漢語」は使わなくて、よく「華語」と言っているよ。

日 それで「華夏の子孫」と「漢人」の歴史のことを思い出した。中国人は「華」と「漢」の二文字にこだわっているんだね。

㉑ 科挙制度は今の中国人の生活にも影響を与えてる？
科举制对现代中国人的生活也有影响吗？

隋代与唐代选拔官员的科举考试制度到了宋代逐步成熟起来。这个考试制度留下的影响是巨大的。

科举制最大的优点是否定了世袭制，原则上鼓励所有的男性通过读书来改变自己的命运。这培养了个人独立、竞争进取的精神。在当时是非常先进的想法。

另外，要考上科举，就要熟读、背诵《论语》《孟子》等儒学经典。这些经典中包涵许多道德性内容，主张当官的人应该具有为天下人分忧的崇高精神。这种道德高尚的"官僚"加"文人"被称为"士大夫"。

科举制的缺点在于过分热衷于文科知识。为了写出符合要求的文章，许多人死记硬背，不善于独立思考。

另外，为了督促男孩读书，周围的人会告诫他说："书中自有黄金屋，书中自有颜如玉"。就是说，只要专心读书就能获得财富和漂亮的太太。以物质上的欲望来刺激个人的竞争意识。

事实上要考中科举，需要大量的时间、精力，没有财富的家庭很难培养出科举成功者。于是，一些宗族出资建立私塾来培养子弟。这些人成功后当然要报答宗族的培养。

科举制度通过蒙古人统治的元代、汉人执政的明代、满洲人掌权的清代一直延续下来。但是，1840年发生了中英鸦片战争，1894年在甲午海战中败给了日本。这让中国人感受到了前所未有的文化冲击。面对西方人的船坚炮利，第一次感觉遇到了一个高于自己的文明，于是开始反省自己的制度，艰难地探索新路。清末终于废除了科举制。

背诵	暗誦する
热衷	熱中する、凝る
死记硬背	丸暗記する
不善于～	～を得意としない
甲午海战	黄海海戦。1894年、日清戦争で日本海軍の連合艦隊と清国の北洋艦隊との間で行われた海戦

隋代と唐代に役人を選抜した科挙制度は、宋代になるとさらなる成熟を見せます。この試験制度が残した影響は、絶大なものでした。

　科挙制度の最大の長所は、世襲制を否定し、原則として、すべての男性に勉学を通じて自分の運命を変えるよう促したことです。これは個人の独立・競争の精神を生み、当時では非常に先進的な考え方でした。

　また、科挙に合格するためには、『論語』『孟子』のような儒教経典を熟読し、暗記する必要がありました。そこには多くの道徳的な内容が含まれています。官僚になろうとする人は、世の中の人々と憂いを共にする崇高な精神を持つべきだとされました。こういった人格者である「官僚」に「文人」を加えた概念を、「士大夫」と称しました。

　科挙制度の欠点は、文科系の知識を重視しすぎたことです。規定に合う文章を書くため、多くの人が機械的な丸暗記をし、独立した思考を苦手としました。

　そのほか、男児に勉強をさせるため、周囲の人は「本の中には金の家、本の中には玉の顔」と言って戒めました。まじめに勉強すれば、財産と美しい妻が手に入るという意味です。物質的な欲望で人の競争心を刺激したのです。

　実際は、科挙に合格するためには、大量の時間と労力が必要であり、財力のない家庭では科挙の合格者を出すことは困難でした。そこで、宗族によっては出資して私塾を設け、子弟を教育しました。こういった人は出世すると、当然ながら、自分を育てた一族に報いる必要がありました。

　科挙制度は、モンゴル人が統治した元代、漢民族が執政した明代、満州族が政権を握った清代にわたって、延々と継続されました。しかし、1840年には中国とイギリスの間にアヘン戦争が起こり、1894年には日清戦争で敗北を喫します。ここで中国人は、かつてない文化的衝撃を受けました。西洋の堅牢な戦艦と優れた兵器を目の当たりにして、初めて自分たちより高度な文明に出会ったと意識したのです。こうして自国の制度を顧みて、苦難の中で新たな道を模索し始めました。清朝の末に科挙制度はついに廃止されたのです。

当代高考也类似于科举?

日 最近在电视上看到中国高考的新闻,那阵势把我吓坏了。让我联想起中国古代的科举考试。

中 从古至今中国都是重考试的国家吧。现在社会上都说"一考定终身"。进什么大学会影响人的一生啊。

日 听说现在也把高考第一名叫做"状元",真的是这样吗?

中 对对。各省和自治区高考分数第一名、村里的第一名、高中的第一名都被叫做什么状元。

日 在科举考试时代,只有一部分人需要承受考试压力,可是现在不分男女,都要考考考。特别是对独生子女来说,来自家庭的期待特别大吧。好可怜啊。

中 是啊。祖父母和外祖父母两个家庭都望子成龙。双方父母家都帮着培养孩子,希望他有个好的将来。

日 日本最近出现了一个问题,就是家庭经济情况导致孩子受教育的程度不同。在中国怎么样呢?比如说,能不能进升学率高但收费也很高的学校或补习学校,能不能课外学钢琴芭蕾什么的,这些都受到家庭收入的影响吧。

中 当然都一样。不过,在中国有时亲戚之间会在经济上给予一些帮助。

現代の受験戦争も、科挙に似ている？

日 この間、中国の大学入試のニュースをテレビで見たんだけど、圧倒されちゃった。中国の昔の科挙試験を思い出したわ。

中 中国は昔も今も受験社会だからね。今の社会でも一度の試験で一生が決まるというね。どの大学に進むかで、人生が大きく左右されるからね。

日 大学入試の成績がトップの人を、今でも「状元」（かつての科挙の最優秀者の名称）って呼ぶって聞いたけど、本当？

中 ああ、各省や自治区で大学入試の点数がトップの学生、村で成績が1番の学生、高校で最高点を取った学生がみんなそう呼ばれているんだよ。

日 科挙試験の時代は、受験のプレッシャーがあるのは限られた人だけだったけど、今は男女関係なく受験の連続なんでしょう。特に一人っ子の世代は家族からの期待も大きくて、大変でしょうね。

中 そうだね。父方と母方の両方の家族が成功を望んでるからね。子育ても両方の祖父母がいろいろな面で援助するけど、その分将来の成功に期待しているともいえるね。

日 日本では最近、家庭の経済力による教育格差が問題になっているけど、中国ではどうなの？　例えば、受験に有利だけどお金の掛かる学校や塾に通わせられるかとか、ピアノやバレエみたいな習い事ができるかどうかは、かなり家庭の収入に左右されるでしょう。

中 もちろん同じだよ。ただ、中国の場合は親族の間で金銭的な援助をし合うこともあるよ。

22 日中の間にはどんな人が行き来してきたの？
哪些人来往于中日之间？

在漫长的历史上，曾有许多人来往于中日之间，在此选择几位来说。

鉴真和尚的事迹相当著名。他是扬州的高僧，六次渡海，754年终于踏上日本的土地。他不仅传播了律宗，还带来了中国的药品、书籍、佛教建筑方面的知识。

日本派遣唐使的时代，有一位叫阿部仲麻吕的留学生，在中国取名为晁衡，与李白成了好朋友。他回国时，李白听说他遇难，还写了一首诗悼念他。

另外，天台宗的圆仁曾在中国生活了近十年，他用汉文写的日记《入唐求法巡礼行记》是了解当时生活的珍贵记录。

明末清初，满州人入关后，一些汉人来日本寻求救援，朱舜水就是其中一员。传说拉面就是他带来的，而日本第一个吃拉面的是水户藩的藩主德川光国。在东京小石川的原水户藩宅院"后乐园"就是根据朱舜水的提议命名的。

隐元是同时代的福建人。他来日本后，得到幕府允许在京都建万福寺传播佛教的黄檗宗。他从中国带来的豇豆被叫做"隐元豆"。

除了这些显赫人物外，还有许多中国人来日本谋生，他们往往靠"三把刀"——菜刀、剪刀、剃头刀生活。长崎的"唐人町"、神户的"南京町"、横滨的"中华街"是中国人聚居的地方。

甲午战争后，特别是科举制度废除后，许多中国青年去欧美或来日本留学。鲁迅就是其中一员。他写的《藤野先生》被选入语文课本，在中国是尽人皆知的。

大量学生来日也促进了中国菜馆的发展，比如说「ちゃんぽん」就是在长崎的四海楼起初为留学生做的。在东京的神田，许多中国菜馆起初也是为留学生提供饭菜的。

律宗	仏教の一宗派で、戒律の研究と実践を重視する。鑑真により日本にもたらされた
黄檗宗	仏教の禅宗の一派で、隠元を開祖とする。隠元によって日本に伝えられ、臨済宗・曹洞宗とともに日本三禅宗の1つとなった

長い歴史の中で、かつて中国と日本の間には多くの人が行き来しました。ここでは何人かを取り上げましょう。

　鑑真和尚のことはよく知られています。揚州の高僧であり、6度にわたって渡航を試み、754年に遂に日本の土を踏みました。律宗（仏教の一宗派）を伝えただけでなく、さらに中国の薬品や書籍、仏教建築の知識をもたらしました。

　日本が遣唐使を派遣した時代には、阿倍仲麻呂という留学生がいました。彼は中国では「晁衡」と名乗り、李白と交友を結びました。帰国に際して、李白は彼の遭難の知らせに接すると、追悼の詩を書いています。

　そのほか天台宗の円仁も、中国で10年近く生活しています。彼の漢文の日記『入唐求法巡礼行記』は、当時の生活を知るうえで貴重な記録となっています。

　明末清初には、満州族が中国の中心部に入ったのち、一部の漢民族の人々が日本に赴いて援助を求めました。朱舜水はその1人です。ラーメンは彼が伝え、日本で最初にラーメンを食べたのは、水戸藩主の徳川光圀であったといわれています。東京の小石川にあるかつての水戸藩の藩邸である「後楽園」は、朱舜水の提案で命名されたものです。

　隠元も同時代の福建の人で、来日後、幕府によって京都に万福寺を建てることを許され、仏教の黄檗宗を伝えました。彼が中国から持ち込んだエンドウマメは「隠元豆」と呼ばれています。

　これらの著名な人々のほかに、多くの中国人が日本に生活の道を求め、包丁、ハサミ、カミソリという「3つの刃物」で生計を立てました。長崎の「唐人町」、神戸の「南京町」、横浜の「中華街」は中国人が集まって住んでいる場所です。

　日清戦争の後、特に科挙制度が廃止されてから、多くの中国の青年が欧米や日本に留学しました。魯迅もその中の1人です。彼が著した『藤野先生』は中国の国語の教科書にも採用され、中国ではよく知られています。大量の学生が来日したことにより、中華料理店が発達し、例えば「ちゃんぽん」は長崎の「四海楼」でもともと留学生のために作られたものです。東京の神田で多くの中華料理が店を開いたのも、留学生に食事を提供するためでした。

入了日本籍也是华人？

日 我很想知道什么人叫"华侨"。比如说，我有个同事，她爷爷是大战前从中国来日本留学的，父亲生在日本。她大概是"华侨"吧。

中 这要看她爷爷或父亲的国籍了。如果他们还拿中国国籍，就是"华侨"。如果加入了日本籍，就叫"海外华人"了。

日 既然加入了日本籍，应该是"日本人"了吧。

中 是啊。比如说一个中国人加入了美国或日本国籍。如果重视国籍的话，就把他们叫做"华裔美国人"、"华裔日本人"。但是中国长期更重视血统，所以也把他们叫做"美籍华人"、"日籍华人"等。

日 我还有个好朋友。她的国籍是中国，但生长在日本，日语说得跟我们一样。父母好像是文革后来留学的。她也算"华侨"吗？

中 不是的。文革期间，中国人很少到海外，所以形成了一个断层。在那以前出国的人被叫做"华侨"，以后的就不是了。

日 那他们叫什么？

中 有点名气的人就叫"旅日作家"、"旅日艺术家"什么的。至于你的朋友，就是一个中国人吧。

日 现在，不仅有观光客，还常能见到在街上打工的留学生、在企业里上班的中国人。坐在电车上也经常听到中文。

中 是啊。今后日本人跟中国人一起工作的机会越来越多了。

国籍は日本でも中国人？

日 どういう人を「華僑」というのかを前から知りたかったの。例えば私の同僚は、お爺さんが戦前に中国から日本に留学に来て、お父さんは日本生まれなの。彼女はきっと「華僑」でしょう。

中 それは、お爺さんやお父さんの国籍によるね。もし彼らがまだ中国の国籍を持っているなら「華僑」だよ。日本国籍になっているなら、「海外華人」になる。

日 日本国籍になったら、「日本人」のはずでしょう。

中 そうだね。例えば、ある中国人がアメリカ国籍か日本国籍になったとするよね。もし国籍を重視するなら、彼らは「中国系アメリカ人」「中国系日本人」と呼ばれる。でも、中国では歴史的に血統のほうを重視するから、「アメリカ国籍中国人」「日本国籍中国人」などとも呼ばれるんだよ。

日 私の親友は、国籍は中国なんだけど、日本で生まれ育ったから、日本語は私たちと変わらないの。お父さんとお母さんは、文革の後に留学に来たみたい。彼女も「華僑」に入るの？

中 ううん。文革の期間には、中国人はほとんど海外に出なかったから、そこに1つの断絶があるんだよ。それ以前に海外に出た人は「華僑」と言うけど、それ以降の人はそうじゃない。

日 そういう人は何と呼ぶの？

中 有名な人なら「旅日作家」「旅日芸術家」などと呼ばれるね。きみの友達の場合なら、ただ中国人でしょう。

日 今は観光客だけじゃなく、街でアルバイトしている留学生や、企業で働いている中国人も見掛けるよね。電車に乗っていても、よく中国語を聞くよ。

中 そうだね。これからは、日本人と中国人が一緒に働く機会がますます多くなるね。

23 文化大革命って、ホントはよく分かってないかも？
也许还不了解文化大革命

　　下面我们简单地看看中国近现代史，特别是文化大革命中的事儿。

　　1911年爆发辛亥革命后，次年在南京建立了中华民国临时政府。而当中国逐步统一时，1931年发生了"九一八"事变，日军占领了东北三省。1937年发生了卢沟桥事变，中日进入了全面战争的状态。经过八年抗战，1945年日本无条件投降。之后，国民党与共产党之间展开了四年内战。

　　1949年10月1日中华人民共和国成立，而国民党政府则败退到台湾。解放后（即1949年后），大陆实行了土地改革，将地主的土地国有化，分配给农民耕种。还通过公私合营等方式将私有企业国有化。

　　1966年至1976年发生了十年文革（全称是"无产阶级文化大革命"），许多文物被毁掉，寺庙道观被破坏。大学不招生，古今中外的书都被禁止阅读。这10年中，一方面传统的"礼教"被彻底否定，尊卑长幼秩序被所谓的"平等"取代了，许多礼节被视为虚伪，连服务员向客人微笑也会被斥责。另一方面，在物质及异性关系方面被要求禁欲，大家都不谈金钱，不能化妆，连恋爱歌曲也被视为靡靡之音，是不允许听的。

　　1976年毛泽东逝世后，文革也随之结束。中国逐步对外开放，全国开始了经济改革，推行市场经济，追求经济上的成功，并提出"让一部分人先富起来"。社会上呼吁人们从禁欲中解放出来，鼓励西方式的个人竞争。同时对传统的态度也变了，《论语》等经典重上书架，儒学知识等被作为爱国主义教育的一部分。

　　百年中国充满动荡，道德观念剧烈变化，每个人心中的价值观都是错综复杂的。如果你想知道"关于某某事，中国人怎么想"，标准答案很可能根本不存在。

九一八事变	満州事変。1931年9月18日に起きた日中両軍の軍事衝突
东北三省	遼寧省・黒龍江省・吉林省
卢沟桥事变	盧溝橋事件。1937年7月7日に起きた日中両軍の軍事衝突
斥责	激しく責める
靡靡之音	退廃的な音楽

以下では、中国の近現代史、特に文化大革命中の出来事を見ていきましょう。

1911年に辛亥革命が起こり、翌年に南京で中華民国臨時政府が樹立されました。しかし中国が次第に統一に向かう中で、1931年に「九一八事変」（満州事変）が勃発し、日本軍が東北三省を占領します。1937年には盧溝橋事件が勃発し、中国と日本は全面的な戦争状態となります。中国側の8年間の抗戦を経て、1945年に日本は無条件降伏します。この後、国民党と共産党の間では4年にわたる内戦が展開されました。

1949年10月1日、中華人民共和国が成立し、国民党政府が敗れて台湾に撤退します。解放後（1949年以後）、大陸では土地改革が行われ、地主の土地を国有化して農民に分配し、耕作させました。さらに公私合弁などの方法で私有企業が国有化されました。

1966年から1976年にかけて、10年間にわたる文革（正式名称は「プロレタリア文化大革命」）が起こり、多くの文化財が破棄され、仏教と道教の寺院は破壊されました。大学は学生を募集せず、古今東西の書籍の読書が禁止されました。この10年の間に、一方では伝統的な「礼教」が徹底的に否定され、身分や長幼による秩序はいわゆる「平等」に取って代わられました。さまざまな礼節は虚偽とみなされ、店員が客に向ける笑顔さえ非難されました。一方、物質面と異性関係では禁欲が求められ、誰もが金銭のことを口にせず、化粧もできず、恋愛の歌も退廃的な音楽とされ、聞くことが禁止されました。

1976年に毛沢東が死去すると、文革も収束に向かいました。中国は徐々に国外に門戸を開き、全国で経済改革が始まり、市場経済を推進し、経済的な成功を追求し、同時に「一部の人を先に豊かにする」政策が取られました。社会では禁欲からの解放が叫ばれ、西洋式の個人競争が促されました。同時に、伝統への態度も変化し、『論語』などの経典が再び書架に並び、儒学の知識なども愛国主義教育の一部とされました。

中国のこの100年間は激動の中にあり、道徳的観念にも激しい変化が見られ、それぞれの個人の心の中にある価値観も大きく異なります。「○○について、中国人はどう考えているか」を知ろうとしても、そこには基準となる答えは存在しないのかもしれません。

上山下乡是怎么回事？

日 文化大革命的时候，真的不能看书，大家都读《毛主席语录》吗？

中 基本上只能读符合国家方针的书。很长时期，不要说外国的书了，连中国的古典都不能读。

日 挺难想像的。大家都渴望读书吧。

中 那当然了。特别是上山下乡的知识青年们，有人拼命读词典，有人偷偷地看外国小说，还有人把书抄下来。

日 "上山下乡"是怎么回事？

中 就是国家号召学生们离开学校，去农村劳动，接受再教育。

日 那么文革时代没人写新书吗？

中 可以说学术研究和文学都停滞了10年。所以1976年毛泽东去世，文革结束后，雨后春笋似地涌现出了许多文学作品。比较著名的叫"伤痕文学"。

日 "伤痕"就是"受伤后留下的痕迹"的意思吧。那是什么样的文学呢？

中 那是曾经上山下乡的知识青年们描写文革期间社会的扭曲和个人悲剧的作品。代表性的作家是刘心武、卢新华等。

日 这么说起来，诺贝尔文学奖得主莫言也写过文革时代的童年故事。说他没法上学什么的。

中 是啊。改革开放以后，很多作家一直写文革时代的经历。文革10年虽然造成了空白，但也可以说给中国的当代文学提供了一个创作源泉。

「下放」ってどういうこと？

日 文化大革命の時代には、本当に本が読めなかったの？　みんな『毛沢東語録』ばかり読んでいたの？

中 基本的には、政府の方針に合う本しか読めなかったんだよ。外国の本だけでなく、中国の古典さえ読めない時代が長く続いたんだ。

日 想像もできないなあ。みんな本に飢えていたんだね。

中 もちろんだよ。特に農村に「下放」された高校生たちには、辞書を貪るように読んだ人もいるし、外国の小説を隠れて回し読みしたり、書き写したりした人もいたらしいよ。

日 「下放」ってどういうこと？

中 政府の呼び掛けで、学生たちは勉強をやめて、農村に行って労働したんだよ。

日 じゃあ、文革の時代には新しく本を書く人もいなかったの？

中 学術研究も、文学もほぼ停滞した10年だったといっていいね。だから、1976年に毛沢東が死んで文革が終結した後、雪解けのように新しい文学が生まれたんだよ。有名なのは「傷痕文学」といわれている。

日 「傷痕」って傷あとという意味？　どういう文学なの？

中 下放を経験した高校生たちが、文革時代の社会のゆがみや個人の悲劇を描いた作品が多い。代表的な作家は劉心武とか、盧新華とか。

日 そういえば、ノーベル賞作家の莫言も、文革期の子ども時代のことを書いているね。学校に行けなかったとか。

中 そう、改革開放政策以降も、文革時代の経験を描いている作家は多いよ。文革の10年は空白だけど、その後の中国現代文学の1つの創作の源泉になったともいえるね。

㉔ 香港・マカオ・台湾は歴史的にどう違う？
港澳台的历史上有哪些不同？

我们来看看香港、澳门、台湾的历史吧。

在 15 至 17 世纪地理大发现的时代，欧洲人纷纷航海来到东亚。

首先是葡萄牙人于 1557 年发现了澳门岛，他们说要上岸晒东西，获得了明朝官府的允许。后来他们就在岛上传教、做贸易。在澳门留下了大三巴牌坊等教堂建筑。在日本家喻户晓的方济各晚年也来到澳门，并在那里去世。

荷兰人在 1624 年－1662 年期间统治了台湾，此时很多汉人迁徙到这里。明末清初，郑成功夺回了台湾。他的母亲是日本人，在日本他被称为"国姓爷"。

英国人于 19 世纪来到香港岛。1840 年由于清政府销毁、禁止销售鸦片，发生了鸦片战争。清军战败，1842 年将香港岛永久割让给了英国。

在此形势下，葡萄牙人于 1887 年将澳门变为殖民地。甲午海战 (1894 － 95 年) 后，台湾也割让给了日本。1898 年又将新界租给英国，租借期是 99 年。1945 年第二次世界大战结束后，日本将台湾还给了当时的中华民国政府，而英国和葡萄牙继续统治香港与澳门。

1949 年国民党政府迁到台湾。1971 年联合国承认中华人民共和国后，中华民国政府退出联合国，并与许多国家断交。如今在日本没有台湾的大使馆，而只有台北驻日经济文化代表处，就是从那时开始的。

1984 年签署了《中英联合宣言》，确定香港于 1997 年回归中国。之后澳门也于 1999 年回归中国。目前，香港和澳门作为特别行政区实行"一国两制"，保证 50 年内资本主义制度不改变。

大陆、台湾、港澳也被称为"两岸三地"，两岸指的是台湾海峡的两边。

大三巴牌坊	聖ポール大聖堂跡
家喻户晓	誰でも知っている
国姓爷	国姓爺。鄭成功のこと。明朝への忠誠を誓い、清への抵抗運動を続けたことから、明の国姓である「朱」を称することを許されたため、「国姓爺」と呼ばれた
联合国	国連、国際連合
中英联合宣言	英中共同声明

香港・マカオ・台湾の歴史を見てみましょう。

15世紀から17世紀にかけての大航海時代、ヨーロッパ人が相次いで東アジアにやって来ました。

まず、ポルトガル人が1557年にマカオ島を発見しました。彼らは上陸して積荷を乾かすことを口実に明朝政府の許可を得て、後に島内で布教や貿易を行いました。マカオには聖ポール天主堂跡などの教会建築が残されています。日本で有名なフランシスコ・ザビエルは晩年にマカオを訪れ、この地で亡くなっています。

オランダ人は1624〜1662年にかけて台湾を統治し、この期間に多くの漢民族が台湾に渡りました。明末清初には、鄭成功が台湾を奪還します。彼の母親は日本人であり、鄭成功は日本では「国姓爺」と呼ばれました。

イギリス人は19世紀末に香港島にやって来ました。1840年に清朝政府がアヘンを廃棄し、その販売を禁止すると、アヘン戦争が勃発します。清軍は敗れ、1842年に香港島をイギリスに永久に割譲することとしました。

このような情勢のもと、ポルトガル人は1887年にマカオを植民地化します。日清戦争（1894〜95年）の後、台湾も日本に割譲されました。1898年には香港の新界がイギリスに租借され、その期間は99年とされました。1945年に第二次世界大戦が終結すると、日本は台湾を当時の中華民国政府に返還しましたが、イギリスとポルトガルは香港とマカオの統治を継続しました。

1949年、国民党政府は台湾に移ります。1971年に国連が中華人民共和国を承認すると、中華民国政府は国連を脱退し、諸外国との国交を断絶しました。現在、日本に台湾大使館がなく、「台北駐日経済文化代表処」のみ置かれているのは、この時に始まったことです。

1984年、「英中共同声明」が結ばれると、香港は1997年に中国に返還されることが確定しました。この後、マカオも1999年に中国に復帰しました。目下、香港とマカオでは特別行政区として「一国二制度」が敷かれ、50年の間は資本主義制度が維持されることが保証されています。

大陸・台湾・香港およびマカオは「両岸三地」と呼ばれ、両岸とは台湾海峡の両側を指しています。

在港澳台说什么话？

日 香港人、澳门人说什么话？

中 在香港人和澳门人中，广东人很多，他们说广东话。由于在英国、葡萄牙殖民地时期没有推广普通话，会说普通话的人没有会说英语的人多。但是香港回归中国后，学说普通话的人多了起来。

日 现在住酒店、购物时可以用普通话吗？

中 基本上没有问题吧。

日 台湾话跟普通话一样吗？

中 你说的台湾话是指什么呢？　台湾有一些原住民，他们说的话与汉语不同。后来从福建来了许多汉人，他们说的是一种"台湾话"，这跟普通话完全不一样。不过其中也有很多客家人，他们当然说客家话。之后从中国各省来的人说自己家乡的方言。

日 大家各说各的方言，怎么沟通啊。

中 是啊，所以在台湾推广"国语"，也叫做"华语"。"华语"跟普通话大致上是相同，但在发音、语气、词汇上有些区别。有时候这种"国语"、"华语"被外国人误称为"台湾话"。

日 香港、澳门、台湾人可以随便去大陆吗？

中 现在，香港人、澳门人要进入内地的话仍要带"回乡证"，他们被称为"港澳同胞"。台湾人在大陆被称为"台胞"，进入大陆需要带"台胞证"。而内地人去港澳台也要办手续，不是随便可以去的。

香港・マカオ・台湾では何語を話すの？

日 香港やマカオの人は何語を話すの？

中 香港やマカオの人には広東出身の人が多いから、広東語を話しているよ。イギリスやポルトガルの植民地時代には「普通話」が普及していなかったから、「普通話」が話せる人は、英語ほどは多くないよ。ただ、香港が中国に返還された後、普通話を勉強する人も多くなっているんだ。

日 今はホテルや買い物では「普通話」が通じるの？

中 基本的に大丈夫だと思うよ。

日 台湾語と「普通話」は同じなの？

中 その台湾語っていうのは何を指しているの？　台湾には原住民がいて、彼らの言葉は中国語とは違うんだ。その後に福建省からたくさんの漢民族がやってきて、彼らの話すのは台湾語だけど、「普通話」とは全く違うものだよ。ただ、その中には客家の人もいて、もちろん彼らが使うのは客家語。その後、中国の各省から来た人は、自分の故郷の方言を話しているよ。

日 みんなが自分の方言を話していて、どうやって通じるの？

中 そう、だから台湾では「国語」を普及させていて、それは「華語」ともいう。「華語」と「普通話」は大体同じだけど、発音や表現や単語が少し違う。外国人は「国語」「華語」を間違って「台湾語」ということがあるね。

日 香港やマカオや台湾の人は、自由に大陸に行けるの？

中 今は、香港やマカオの人が大陸に行くときにはまだ「回郷証」が必要で、彼らは「港澳同胞」と呼ばれている。台湾の人は大陸では「台胞」と呼ばれていて、大陸に行くときには「台胞証」が必要になる。大陸の人が香港やマカオや台湾に行くのにも手続きが必要で、自由に行けるわけじゃないんだよ。

キーワード②

九一八事変

　満州事変。1931年9月18日、現在の瀋陽郊外の柳条湖で起きた、日本の関東軍による満鉄線路の爆破事件（柳条湖事件）に端を発し、東北三省占領の契機となった日中両軍の軍事衝突。現在、柳条湖事件の現場近くには「九・一八歴史博物館」があり、日本軍の侵略と中国側の抗日戦争の過程が展示され、歴史教育の場となっている。9月18日は、5月9日（1915年に日本の対華二十一カ条要求を承認した日）、7月7日（盧溝橋事件の日）などとともに、民族の苦難の歴史を思い起こす日として意識されている。

卢沟桥事变

　盧溝橋事件。1937年7月7日夜、北京郊外の盧溝橋付近で何者かが日本軍に発砲したとして、翌日から日本軍が中国軍への攻撃を開始した事件。この後、戦線は中国各地に拡大し、日本と中国は全面戦争に突入した。中国では「七七事変」とも呼ばれる。現在、盧溝橋付近には「中国人民抗日戦争記念館」があり、毎年の記念式典には政府の最高指導部メンバーも出席することがある。

下放

　固有名詞としては、文化大革命より前の「幹部下放」（一定の地位のある人、特に問題のある幹部が強制的に農村に送られたこと）を指すが、日本では文化大革命期に行われた「上山下郷運動」を「下放」（または「下郷」）と呼ぶことがある。「上山下郷運動」とは、毛沢東の指導により、青少年の地方での農業労働を推進した運動。主に都市部の青年層に対して、地方の農村で肉体労働を行うことを通じて思想改造をしながら、社会主義国家建設に協力させることを目的とした。

現代社会

第3章

現代社会

25 共産党と国家はどんな関係？
共产党与国家是什么关系？

跟中国的企业打交道时，你也许会注意到，当中国人介绍一家企业的干部时，会先介绍"党委书记"，后介绍"总经理"。如果你看中国的报纸、电视也会发现介绍市领导人时，往往是按照"市委书记"、"市长"来排序的。

"党委书记"、"市委书记"都是共产党的干部。通过上述排名可见，他们一般在企业和政府机构中都有很高的地位。

在日本看电视新闻时，你也许会听到过中国召开党代表大会、全人代之类的报道。你是否想了解一下中国的国家体制呢？

中国在制度上，国家的最高权力机构是"全国人民代表大会"，简称"全人大"，它在地方设有各级人民代表大会。"全人大"一般五年为一届。每年召开"第〇届第〇次会议"。在五年一届的第一次大会上，选举出国家主席。他是中国的国家元首。而具体执行工作的是国务院，其最高负责人是国务院总理。这样看来，"全国人民代表大会"有些像日本的国会，国务院类似于内阁。

另外还有一个"中国人民政治协商会议"，简称"政协"，这是执政党共产党与其他政党一起协商政治的机构。

全人大与政协都是在每年3月差不多的时期召开会议，这叫"两会"。

而共产党设有全国代表大会，最高领导人是总书记。共产党的全国代表大会在秋季开会，五年一次选出总书记。另外还设有中央军事委员会，该委员会主席往往由总书记兼任。次年，总书记往往被选为国家主席。

打交道	付き合う、応対する
排序	順番に並べる
召开	会議を開く
届	〜期、〜回。定期会議などの年度を数える

中国企業とやりとりするときに気付くかもしれませんが、中国人は企業の幹部を紹介するとき、まず「党委員会書記」、次に「総経理」といいます。中国の新聞やテレビなどを見ても、市のリーダーを紹介する時、よく「市委員会書記」、「市長」の順に言っているでしょう。

　「党委員会書記」「市委員会書記」は、いずれも共産党の幹部です。上のような呼び方から、彼らは一般企業と政府機関で高い地位にあることが分かります。

　日本のテレビやニュースでも、中国で開かれている党代表大会、全人代などの報道を目にすることがあるでしょう。中国の国家体制のことを知りたいですか？

　中国の制度において、国家の最高権力機関は「全国人民代表大会」、略称「全人大」で、地方には各レベルの人民代表大会があります。「全人大」は一般に５年を１期としています。毎年、「第〇期第〇次会議」が開かれます。５年で１期の第１次大会では、国家主席を選出します。すなわち、中国の国家元首です。具体的に行政上の業務を行うのは国務院で、その最高責任者が国務院総理です。このように見ると、「全国人民代表大会」は日本の国会に、国務院は内閣に似ているところがあります。

　そのほか、「中国人民政治協商会議」、略称「政協」があり、これは与党である共産党とそのほかの政党が、ともに政治的協議を行う機関です。

　「全人大」と「政協」は、いずれも毎年３月ごろに会議が開かれ、これを「両会」と呼んでいます。

　さらに、共産党には全国代表大会が設けられ、最高指導者は総書記です、共産党の全国代表大会は秋に開催され、５年に一度、総書記を選出します。そのほかに「中央軍事委員会」があり、この委員会の主席は多くの場合、総書記と兼任します。翌年、総書記は国家主席として選出されることが多いです。

中国也有选举吗？

日 中国有选举吗？

中 有的。不过选的不是议员，是人民代表。首先在地方实行"差额选举"。就是说候选人是指定的，人数比代表人数多一些，其中有人会落选。然后，由这些地方上的代表投票选出全国的人民代表。他们到北京来开会。

日 共产党在哪里设立组织呢？

中 在各地区、机构、国有企业都设有共产党的组织。

日 怎么才能加入共产党？

中 想入党先要写申请，然后参加学习，通过审查后才能参加。

日 什么样的人能加入共产党呢？

中 一般来说是工作比较积极，口碑较好的人才能通过审查吧。

日 入党后，在工作上有什么好处吗？

中 理论上是没有好处的，应该比别人更加勤奋地工作。不过，当上党员说明他被认为比较优秀，结果可以获得的机会比较多吧。

日 大学生也可以入党吗？

中 大学生可以申请，但被批准的只有一小部分特别优秀的人。大多数加入共青团。它的全称是"中国共产主义青年团"。

日 多少岁的人可以参加呢？

中 14 岁到 28 岁。过了 28 岁后，如果不是专业干部，就要自动退团了。

中国って選挙はあるの？

日 中国って選挙はあるの？

中 あるよ。でも、選ばれるのは議員ではなく「人民代表」だよ。まず地方で「差額選挙」が行われるんだ。候補者が指定されていて、その人数は代表の定員より少し多くて、その中から落選者が出る。その後、この地方の代表が投票して全国の「人民代表」を選定するんだ。彼らが北京で会議をするんだよ。

日 共産党はどうやってできてるの？

中 各地域や機関、国有企業にはみんな共産党の組織があるんだよ。

日 どうやったら共産党に入れるの？

中 共産党に入るにはまず申請書を書いて、学習に参加して、審査を受けないと入れない。

日 どういう人が共産党に入れるの？

中 普通は仕事に真面目で、周りに評判がいい人が合格するよ。

日 共産党に入ると、仕事上何かいいことがあるの？

中 理論上は何もいいことはなくて、ほかの人より頑張って仕事しなくちゃいけないんだ。ただ、党員であれば優秀だと思われるから、結果的にチャンスが多くなるね。

日 大学生も入党できるの？

中 大学生も申請できるけど、選ばれるのは一部の特に優秀な人だけだね。ほとんどは「共青団」に入る。正式名称は「中国共産主義青年団」。

日 どういう年齢の人が参加できるの？

中 14歳から28歳まで。28歳を過ぎると、専業の幹部でなければ、自動的に退団するんだ。

26 戸籍を自由に変えられないの？
不能随便迁户口吗？

　　中国的"户口"常被译成日文的"户籍",但在制度上,两者是不同的。户口是在居住的地方登记的。比如说,不是夫妻但共同拥有一个房间的两个人可能在一个户口簿上。另外,许多大学生的户口在大学里,这叫集体户口。所以,户口有些类似于日本的"住民票"。

　　而且户口分为城市户口(正式名称为"非农业户口")跟农村户口(正式名称为"农业户口")两类。起初是因为粮食分配的问题。当时采用粮票制度,对城市居民供应粮食,而农村居民则自行解决粮食问题。除了粮食之外,还在教育、医疗、养老等制度方面优先照顾城市居民。不过许多城市逐步不再区分城市户口和农村户口,不久的将来两者的区别将退出历史的舞台。

　　另外,中国以前执行独生子女政策,最近开放到可以生两个孩子了。这属于"计划生育"政策的一部分,被视为一项国策。为什么需要这项政策呢？

　　因为中国建国后,曾经鼓励多生孩子。后来发现人口过剩,造成了很多问题,于是就开始控制人口。起先提倡晚婚晚育,从1980年开始执行独生子女政策。对于超生的人采取了罚款等措施,有些地方甚至有强制堕胎的做法。

　　不过,考虑到农村需要劳动力,如果农村夫妻只有一个女孩,而且夫妻双方至少一方为独生子女的话,可以生两个孩子。对一些少数民族也允许生育两、三个子女。夫妻在国外工作、学习期间出生的孩子,回国后可以申报户口。

　　独生子女政策虽然控制了人口增长,但也带来了人口老龄化、男女比例失调等问题。于是逐步允许本人是独生子女的夫妻生第二个孩子,现在谁都可以生第二胎了。

粮票	食糧配給切符
独生子女	一人っ子
计划生育	計画出産
晚婚晚育	結婚・出産年齢を遅らせること
第二胎	2人目の子ども

中国の「戸口」はよく「戸籍」と訳されますが、制度上、両者は異なるものです。「戸口」は居住する場所に登記するものです。例えば、夫婦でなくとも共同で1つの家を所有している場合、その2人は同一の「戸口簿」に登録される場合があります。そのほか、大学生の戸籍の多くは大学に登録され、これを「集体（集団）戸口」といいます。そのため、「戸口」は日本の「住民票」に似たところがあります。

　さらに、「戸口」は「城市戸口」と「農村戸口」の2種類に分かれます。その発端は、食糧の分配の問題でした。かつては食糧配給切符制度を採用し、都市の住民に食糧を供給し、農村の住民は自分で食糧の問題を解決していました。食糧以外に、教育・医療・老後保障などの制度面でも都市の住民が優遇されました。ただし、多くの都市ではしだいに「城市戸口」と「農村戸口」の区別をしなくなっており、近い将来に両者の区別は歴史の舞台から消えるかもしれません。

　そのほか、中国はかつて一人っ子政策を行っていましたが、最近になって2人の子どもを持つことが解禁されました。これは「計画出産」政策の一部であり、国策として位置付けられています。なぜこのような政策が必要なのでしょうか？

　中国は建国後、多く子どもを産むことを奨励した時期がありました。その後人口が過剰となり、多くの問題を引き起こしました。そのため、人口の抑制を開始したのです。まず結婚と出産年齢を遅らせることを提唱し、1980年代からは一人っ子政策を実施しました。多く子どもを産んだ人には罰金などの措置を取り、強制的に堕胎さえ行った地域もあります。

　ただし、農村が必要とする労働力を考慮し、もし農村の夫婦に1人の女の子しか生まれず、さらに夫婦の少なくとも片方が一人っ子である場合、2人の子どもを持つことが可能でした。また、一部の少数民族に対しては、2人ないし3人の子どもを持つことが許可されました。夫婦の外国での仕事や勉学の期間に生まれた子どもは、帰国後に「戸口」を届け出ることができました。

　一人っ子政策は人口の増加を抑制した一方で、人口の高齢化、男女比率の不均衡などの問題を生みました。そこで、徐々に一人っ子の夫婦が2人目の子どもを持つことが許可され、現在では誰でも2人目の子どもを持つことが許されています。

什么时候能迁户口？

日 最近日本实行"我的号码"制度，好像是一种身份证明。中国也有类似的制度吗？

中 中国每个人都有身份证。比如说买火车票时就需要身份证。

日 说到身份证，我想起了户口问题。中国人住在哪里，就能得到那里的户口吗？

中 不是的。没有特别的理由，户口是不能随便迁移的。

日 特别的理由是什么呢？

中 比如说上大学、当兵、进入国有企业等。拿上大学来说，进了大学以后，就加入大学的集体户口。如果在别的城市找到正式工作，有可能获得当地户口。不过像上海这样的大城市，需要工作一定年数，并且收入在一定水平以上才能得到上海户口。

日 如果没有某个城市的户口，就不能在那里工作吗？

中 可以凭"暂住户口"工作。这些人叫"暂住人口"。

日 我在电视上看到许多在城市打工的人春节回家的事，他们都是暂住人口吗？

中 是的。他们基本上都持有农村户口，所以也叫"农民工"或"民工"。

日 民工的孩子即使住在城市里，也不能在当地上学吗？

中 理论上是不能的。所以许多孩子被放在农村。这造成了许多问题。

> **どういうとき戸籍が変えられるの？**

日 最近日本で、一種の身分証のような「マイナンバー」制度が施行されたんだ。中国にも似た制度があるの？

中 中国人はそれぞれ身分証があるよ。例えば鉄道の切符を買うとき必要になるんだ。

日 身分証といえば、戸籍の問題を思い出すんだけど。中国人は、どこに住んでもその場所の戸籍ができるの？

中 ううん。特別な理由がなければ、戸籍は自由に移せないんだ。

日 特別な理由って？

中 例えば大学に入る、軍隊に入る、国有企業に入るとか。大学についていえば、入学してから大学の集団戸籍に入る。よその都市で就職すれば、現地の戸籍ができる可能性があるんだ。でも、上海のような大都市では、一定の年数働かないといけないし、収入も一定水準以上でないと上海の戸籍は得られないんだ。

日 その都市の戸籍がなければ、働くことはできないの？

中 臨時居住戸籍で仕事ができるよ。彼らは臨時居住人口というんだ。

日 テレビで、都会のたくさんの労働者が春節に帰省するところを見たんだけど、そういう人たちは臨時居住人口なの？

中 そう。基本的には農村戸籍だから、彼らは「農民工」とか「民工」という。

日 「民工」の子どもは都市で生活していても、その町の学校に行けないの？

中 制度上は無理だね。だから多くの子どもは農村に残されていて、いろいろな問題になっている。

㉗ 民族って何？
民族是什么意思？

　　中国有56个民族，其中90%左右的人是汉族，10%左右的人被称为少数民族。比较著名的有藏族、维吾尔族、蒙古族、苗族、朝鲜族等。

　　在中国的身份证上，有一栏叫"民族"，所有的人都要填写，找工作的履历书上当然也不例外。

　　日本人也许会感到奇怪，在美国也有许多人种，为什么没有"民族"的概念呢？ 其实，"民族"概念是在许多社会主义国家里使用的，例如前苏联和越南等。基本的想法是"国家－民族－个人"。目的是尊重各民族的不同风俗，并给少数民族一些自治权。

　　在中国，1954年、64年、86年三次由国家通过调查确认了55个少数民族。有些民族自古生活在中国这片土地上，比如藏族、维吾尔族等。但也有一些民族，比如俄罗斯族的许多人是在十月革命后流亡到中国的，之后被定为中国的一个少数民族。

　　维吾尔族的人浓眉大眼，鼻梁高高的，一看就跟汉族人不同。但也有些民族的人的长相跟汉族人差不多，生活习惯也很像，比如满族人、壮族人。

　　特别是回族的历史比较独特，在中华民国时代，说回族，是指维吾尔族。但现在是指那些说汉语并信仰伊斯兰教的人。据说他们的祖先是元代从伊朗等地来到中国的，但如果他们不穿民族服装的话，一般分辨不出来。在许多大城市有"回民中学"。一些大学里专门设有回民食堂，做菜时不用猪肉。

　　在行政区划上，除了新疆、西藏等五个自治区外，在一些地区还有民族自治州（乡）等。在计划生育、高考等方面，对部分少数民族实施了一定的优惠政策。

藏族　　　　　チベット族
维吾尔族　　　ウイグル族
蒙古族　　　　モンゴル族
苗族　　　　　ミャオ族
壮族　　　　　チワン族

中国には56の民族があり、そのうちの90％以上の人は漢民族で、10％前後の人は少数民族といわれています。有名なのはチベット族、ウイグル族、モンゴル族、ミャオ族、朝鮮族などです。

　中国の身分証には「民族」という欄があり、あらゆる人が記入しなければなりません。職探しの際の履歴書も、もちろん例外ではありません。

　日本人は不思議に思うかもしれませんが、アメリカにも多くの人種がいるのに、なぜ「民族」という概念がないのでしょうか？　実は「民族」という概念は、旧ソ連やベトナムなど、多くの社会主義国家で使われているものです。基本的な考え方は、「国家―民族―個人」というものです。その目的は、各民族の多様な風俗を尊重することであり、少数民族には一定の自治権を賦与しています。

　中国では1954年、64年、86年の3度にわたって、中国政府が調査を通じて55の少数民族を確認しました。

　古くから中国の土地で生活している民族もあり、例えばチベット族、ウイグル族などです。一方、一部の民族、例えばロシア族の多くの人々は十月革命の後に中国に逃れ、その後に中国の少数民族と定められました。

　ウイグル族の人は眉が濃くて目が大きく、鼻が高く、一見して漢民族とは異なっています。しかし、満州族やチワン族など、容貌が漢民族とほとんど変わらず、生活習慣も似通った民族の人もいます。

　中でも、回族の歴史は独特です。中華民国時代には、「回族」といえばウイグル族を指しました。しかし現在は、中国語を話し、イスラム教を信仰している人を指しています。彼らの祖先は元の時代にイランなどの地から中国にやってきたといわれていますが、民族衣装を着ていなければ、普通は外見からは分かりません。多くの大都市には「回民中学」（回族のための中学・高校）があり、一部の大学には回族のための専用の食堂を設け、そこでは調理に豚肉を使用していません。

　行政区画の上では、新疆、チベットなどの5つの自治区のほか、一部の地域には民族自治州（郷）などがあります。計画出産、大学入試などの面で、一部の少数民族には一定の優遇政策が実施されています。

HSK 原来不是为外国人设的考试？

日 中国少数民族真多啊。

中 是啊。这是历史造成的。因为清朝是个多民族的王朝，当时就有很多民族生活在中国这块土地上，比如说新疆就是清朝时开拓的新的疆土的意思。后来中国就继承了这个体系。

日 少数民族的人上学时用什么语言？

中 一般用民族语言吧。许多人还学习汉语，著名的 HSK 考试最初就是给这些少数民族的人测试汉语水平而创办的。

日 原来 HSK 不是为外国人设的考试啊。如果我问一个人是不是少数民族，会不会不礼貌？

中 完全不会。相反许多人会主动地告诉你，我是什么族的。在一个单位工作的人或亲戚朋友，都知道谁是少数民族。填表时也常常要填"民族"。

日 如果两个民族的人结婚的话，孩子属于什么族啊？

中 可以随便选择，跟父亲、母亲都可以。

日 如果跟汉族结婚的话，都选汉族吧。

中 不会，因为存在优惠政策，选择少数民族的也不少。

日 我去中国的话是什么族啊？

中 中国人可能说你是大和民族。因为他们觉得所有人都应该属于一个民族，这个民族名称与国名不同。

HSK はもともと外国人のための試験じゃなかったの？

日 中国には本当にたくさんの民族があるよね。

中 そうだね。歴史と関係あるんだよ。清朝は多民族王朝だったから、当時すでにたくさんの民族が「中国」の土地に暮らしていたんだよ。例えば、「新疆」は「清朝が開拓した新しい領土」という意味。その後、中国はそのしくみを受け継いでいるんだ。

日 少数民族の人は、学校では何語で勉強するの？

中 普通はその民族の言葉だね。さらに中国語を学ぶ人も多くて、有名なHSK（漢語水平考試）は、当初はそういう少数民族の人たちの中国語能力を測るために作られたんだ。

日 もともとHSKは外国人のための試験じゃなかったんだね。少数民族かどうか、本人に聞いたら失礼になる？

中 全然そんなことはないよ。逆に「自分は〇〇族です」って言う人も多い。同じ職場の人や親戚や友人は、みんな誰が少数民族か知っている。書類でもよく「民族」を書かなくちゃいけないし。

日 もし2つの民族の人が結婚したら、子どもはどちらの民族になるの？

中 どちらでも選択できるよ。父親でも、母親の方でもいい。

日 もし漢民族と結婚すれば、漢民族を選ぶんでしょう。

中 ううん、優遇政策があるから、少数民族を選ぶ人も少なくないよ。

日 私が中国に行ったら何族になるの？

中 中国人は、よく日本人を「大和民族」というね。誰でも何らかの民族に属さなければいけないと考えるから。その民族の名前は国名とは別のものだよ。

28 職場環境はどんな感じ？
工作环境怎么样？

  中国的企业大致分为国有企业、民营企业、外资企业三种。
  一般来说，国有企业的工作比较稳定，但工资比较低，而民营企业和外资企业工资相对较高，但竞争很激烈。在外资企业里，人们对日资企业的印象一般是规矩多、加班多、工资不如欧美企业，因此被欧美企业"挖墙脚"的现象也比较普遍。
  中国的员工一般都是合同工，员工会为了追求高薪以及更好的发展机会而跳槽。企业也一般很少慢慢培养员工，更喜欢招有一定经验的人才。
  中国的大学生求职时，不需要像日本学生那样到处参加说明会，他们可以通过招聘网站、校园招聘会、猎头公司获取信息。一些大学生会在毕业前去公司实习，毕业后直接留在那里工作。总之找工作比日本容易很多。
  说到找工作，不得不提的就是休假和奖金。中国法律规定公司每年最低必须提供5天带薪休假，这叫"年假"。当然可以增加年假的天数来作为员工的福利。在中国请年假比日本容易得多，只要不影响工作，公司会鼓励员工休假。
  一般公司会在年底发放奖金。多的相当于几个月工资，当然也有不发放奖金的。奖金发放之后也会带来一波离职高潮，每年的这个时期，公司的管理者都非常头疼。
  中国的女性几乎都有工作。有孩子并且工作繁忙的话，会让长辈照顾孩子。因此你可以经常看到老人带着孩子玩的情景。尽管如此，由于工作压力大、抚养孩子的成本高，越来越多的人不愿意生孩子。
  在中国的大城市里工作的外国人越来越多，欢迎你也加入他们的行列。

挖墙脚	人材を奪う
高薪	高給
跳槽	転職
招聘会	就職説明会
猎头公司	人材紹介会社

中国の企業はおよそ国有企業・民間企業・外資企業の3種類に分けられます。
　一般的に、国有企業の仕事は比較的安定しているものの、給料は少なめです。それに比べて、民間企業と外資企業の給料は高いものの、競争は盛んです。外資企業の中で日系企業の一般的な印象は、規則が多く、残業が多く、欧米企業ほど給料が高くないというものです。そのため、日系企業は欧米企業に人材を奪われる現象がよく見られます。
　中国の労働者は普通、契約社員で、高い報酬と更なるステップアップのチャンスを求めて転職します。企業も通常、社員を時間をかけて育てることは少なく、一定の経験のある人材を歓迎します。
　中国の大学生が就職活動をするときは、日本の学生のようにあちこちの説明会に参加する必要はなく、人材募集サイトや学校で開かれる就職説明会、人材紹介会社から情報を得ています。一部の大学生は卒業前に企業でインターンをし、卒業後はそのまま留まって仕事をしています。総じて、仕事を見つけることは日本よりかなり容易だといえるでしょう。
　職探しといえば、触れないわけにはいかないのが休暇とボーナスです。中国の法律では、毎年少なくとも5日間の有給休暇を与えることを規定しており、これを「年假」といいます。もちろん、有給休暇の日数を増やすことで、社員の福祉を充実させることができます。中国では有給休暇を取得するのは日本よりずっと簡単で、仕事にさしつかえなければ、会社も社員に休暇を取ることを奨励しています。
　通常の会社では、年末にボーナスを出します。多ければ給料の数カ月分に相当しますが、もちろんボーナスがないこともあります。ボーナスが出た後は転職のピークとなり、毎年この時期には、企業の管理職は頭を悩ませます。
　中国の女性は、ほぼ仕事を持っています。子育てをしながらの仕事が忙しすぎる場合、両親に子どもの世話を頼むこともできます。そのため、老人が孫の面倒を見ている場面によく出会います。とはいえ、仕事のストレスは大きく、子育てのコストも高いので、子どもを持ちたがらない人も増えています。
　中国の大都市で働く外国人はますます増加しています。その列に加わることを歓迎しますよ。

在中国找工作很容易吗？

日 我的朋友大学三年级了，最近到处参加说明会，可痛苦了。

中 日本人那么早开始找工作吗？　中国的学生可不需要那么早开始，一般毕业前半年左右开始找的人比较多。

日 那中国人怎么找工作？

中 通过招聘网站或者猎头公司呀。一些人也会通过朋友介绍去公司实习，这样一来可以切身体会公司的文化，如果合适的话就留下来。

日 我听说中国的办公室氛围也和日本不同。

中 中国的办公室氛围相对日本来说会随意一些。除了银行之类特殊的行业，对服装的要求不是那么严格，上班时吃早饭什么的现象也是比较常见的。

日 上下级之间的关系也没日本严格是吧？

中 看来你还挺了解中国人的想法的。比起勤勤恳恳做事、绝对服从上司的人来，那些遇事八面玲珑的人混得更好，所以经常看到上下级说说笑笑什么的。当然做得太过分也会被认为是拍上司的马屁，被其他同事讨厌。这个度没那么容易拿捏，十分考验情商。

日 看来中国的办公室政治也是一门学问啊。那中国的公司有晨会、加班吗？

中 当然有啦。不过没有日本的公司那么频繁，不像一些日本公司天天早上都有晨会、天天晚上都要加班。

日 这么说在中国工作比日本轻松多了。

中 不过收入也没有日本多。

中国の就職活動って楽なの？

日 友達で大学3年の子がいるんだけど、最近はあちこちの説明会に行って、大変そうなの。

中 日本人はそんなに早く就職活動するの？　中国の学生はそれほど早く始める必要はなくて、普通は卒業の半年前くらいからの人が多いよ。

日 じゃあ、どうやって就職活動するの？

中 ネットで求人を見たり、人材紹介会社を通してかな。友達の紹介で企業でインターンをする人もいる。こうすると会社の雰囲気がよく分かって、自分に合えばそのまま就職すればいいし。

日 職場の雰囲気は日本と違うって聞いたよ。

中 中国の職場は、日本と比べればちょっと自由かなあ。銀行とか特殊な職業を除けば、服装の決まりも厳しくないし、出社してから朝ご飯を食べるようなこともよく見るよ。

日 上下関係も日本ほど厳しくないんでしょう？

中 中国人の考え方をよく知ってるみたいだね（笑）。何事もきっちりやって、上司の言うことには絶対従うような人に比べれば、上手く立ちまわっている人の方が過ごしやすくて、よく上司や部下となれなれしく話しているのを見るよ。もちろんやり過ぎれば、上司にゴマをすっていると思われたり、同僚に嫌われたりするけど。その程度はなかなか難しくて、心の知能指数が試されるよ。

日 どうやら中国の職場の人間関係も要領だね。じゃあ、中国の会社に朝礼や残業はあるの？

中 もちろんあるよ。ただ、日本の会社みたいに頻繁じゃなくて、毎日のように朝は朝礼、夜は残業っていうわけじゃない。

日 それなら、中国で働く方が日本より気が楽みたいだね。

中 でも給料は日本より少ないよ。

29 「80後」「90後」ってどんな世代？
"80后""90后"是怎样一代人？

　　如果你经常看中国的新闻、杂志，一定看到过"80后"、"90后"等词语。
　　"80后"就是1980年以后出生的人。许多人在各大公司岗位上担当比较重要的角色。他们的父母经历了文化大革命及改革开放，思想中有保守的部分，也有开放的部分，这也影响了"80后"的想法。
　　"80后"经常笑称自己是"苦逼"的一代，他们大部分家境一般，需要靠自己的实力打拼，工作上很辛苦。又赶上了计划生育，大多都是独生子女，现在上有老，下有小，许多夫妇要同时照顾双方老人和自己的孩子。
　　"90后"当然就是1990年后出生的一代。许多人不想给人打工，毕业后选择创业。他们的父母大多是在改革开放后成长起来的，思想比较开放，经济实力也比"80后"的父母强得多。"90后"中"官二代"、"富二代"也特别多。
　　在公司里，"90后"有些令人头疼。大家觉得"90后""自我中心、追求物质生活、向往自由"。因为他们注重工作的趣味性，很难忍受枯燥的工作，希望快速掌握知识，一旦他们觉得学得差不多了，一部分人就会为了谋求高薪而跳槽。
　　虽然很多"上年纪的人"看不惯"90后"，但事实上他们身上有很多地方可圈可点。俗话说"初生牛犊不怕虎"，"90后"充满朝气、勇于尝试、充满创造力，这些精神也正是现在的中国所需要的。
　　不同年代的"代沟"就像不同文化的碰撞一样。通过代沟和碰撞了解到不同的世界观是一件很有趣的事情，你们说对么？

苦逼	苦労する
打拼	頑張る、努力する
官二代、富二代	官僚や富裕層の子弟
可圈可点	賞賛に値する
代沟	ジェネレーション・ギャップ

中国のニュースや雑誌をよく見ていれば、「80後」、「90後」といった言葉を目にすることでしょう。

　「80後」とは、1980年以降に生まれた人のことです。大企業の役職で重要な役割を果たしている人も多くいます。彼らの両親は文化大革命と改革・開放を経験し、思想に保守的な部分と開放的な部分があり、これが「80後」の考え方にも影響しています。

　「80後」は、よく自らのことを「苦難」の世代だと笑います。多くは平凡な家庭環境に育ち、自分の実力を頼りに努力しなければならず、仕事でも苦労しています。さらに計画出産の時代に生まれ、ほとんどが一人っ子です。今では上には老人、下には子どもを抱え、夫婦２人の両親と自分たちの子どもの世話を同時に見ている人も多いのです。

　「90後」はもちろん、1990年代以降に生まれた世代です。人に雇われて働くことを嫌い、卒業後は起業を選ぶ人も多くいます。彼らの両親は改革・開放後に育ち、考え方も開放的で、経済力でも「80後」の両親に勝っています。「90後」の中では「官二代」、「富二代」（官僚や富裕層の子息）も多く見られます。

　会社では、「90後」は悩みの種になることもあります。「90後」といえば、「自己中心的で、物質的な豊かさを追求し、自由を求める」と思われています。彼らは仕事が自分の好みに合っているかを重視するため、無味乾燥な仕事には我慢できず、手っ取り早く知識を吸収したがり、だいたいマスターしたと思えば、すぐさま高給を求めて転職してしまう人もいます。

　多くの「年配の人」が「90後」に戸惑っているとはいえ、実際は彼らには優れた点がたくさんあります。よく「生まれたばかりの子牛は虎をも恐れない」と言いますが、「90後」はアイデアに溢れ、勇敢にチャレンジし、創造力に満ちており、こういった精神こそ、現代の中国が必要とするものなのです。

　世代間のジェネレーション・ギャップとは、異文化の衝突と似たようなものです。ギャップと衝突を通して違う世界観を知ることは、興味深いことだと思いませんか？

"80后"和"90后"两代人有什么区别？

日 在日本晚婚的人很多，在中国结婚也很难吗？

中 "80后"跟"90后"的情况不一样。"90后"许多都是官二代、富二代，家里条件比较好。"80后"靠不了有钱的爸爸，只能默默打拼。尤其是"80后"的女性，许多都以工作为重，等到了结婚的年龄却发现竞争力远不如那些"90后"的妹妹们了。

日 这么说来，我身边就有几个条件很好的"80后"姑娘一直单身呢。

中 人们说的"大龄剩女"指的就是她们。平日要上班，没有时间谈恋爱。每年一到春节亲戚聚会时还总要被问长问短，没结婚、没生孩子的有时会被认为不孝顺呢。老一辈的人总觉得人应该结婚生子，否则后继无人是很不孝顺的呢。

日 这也算是"80后"和长辈的一种代沟吧。她们去相亲么？

中 当然去啦，不过那些"80后"思想比较保守，相对"90后"来说没那么主动。而且许多是以结婚为前提找对象，要考虑房子、车子什么的，那难度可不小啊。

日 "80后"的结婚压力不小呢。

中 中国人相信缘份，凡事随缘吧，可能只是时机未到而已。

「80後」と「90後」、2つの世代はどう違う？

日 日本では晩婚の人が多いけど、中国でも結婚は難しいの？

中 「80後」と「90後」の状況は違うのよ。「90後」には官僚や富裕層の子女が多くて、家庭環境がいいの。「80後」はお金のある父親に頼れず、コツコツと努力するしかなかったのよ。特に「80後」の女性は、みんな仕事に打ち込んで適齢期まで待っていたら、「90後」の女の子たちにはるかに競争力が劣っていたっていうわけ。

日 そういえば、友達の優秀できれいな「80後」の女性たちは、ずっと独身だなあ。

中 よくいわれる「大齢剰女」（適齢期を過ぎた未婚女性）っていうのは彼女たちのことね。平日は仕事でデートする時間もない。年に一度の春節に親戚が集まれば根掘り葉掘り聞かれて、結婚してない人や子どもがいない人は、ときには親不孝とさえ言われるのよ。年配の人は、人は誰でも結婚して子どもを作るべきで、そうでなきゃ後継ぎがいないのは親不孝だと思っているの。

日 それも「80後」と上の世代のギャップね。お見合いはしないの？

中 もちろんするけど、「80後」の考え方は保守的で、「90後」みたいに積極的じゃないの。しかも結婚を前提に相手を探すことが多いから、家とか車とかいろいろ考えて、ハードルを高くしちゃうのよ。

日 「80後」の結婚のプレッシャーは大きいでしょうね。

中 中国人は縁を信じるから、何事も縁に任せるしかないわ。今はまだその時が来てないだけかも。

30 医療や保険制度はどうなってるの？
医疗及保险制度是怎样的？

　　在中国生活工作的话，最好先加入医保（医疗保险）。加入医保后，会得到政府发放的医保卡。每年政府会存入一定的金额，看病的时候直接用医保卡支付，就像使用银行卡一样。等卡内金额全用完后，需要全额支付费用。支付达到一定金额后，与日本类似，按照一定百分比支付。

　　日本人在中国看病一般会分为两种情况。一种是公司会为海外驻在员购买保险公司的医疗保险，生病时保险公司会承担90%左右的费用。另一种是加入中国的医疗保险。具体选择哪一种，还需要根据当地法律和公司制度决定。日本当地有专门办这项业务的公司，如果需要可以去那里咨询一下。一些城市有日本人诊所，这也解决了语言的障碍。大医院对外国人一般使用英语。

　　中国人一般去大的公立医院看病。因为那里价格便宜，而且可以用医保。问题是哪家医院病人都很多，有时需要早上5、6点就去排队。最近一些大医院接受网上预约，可以在医院网站查询到医生的履历和出诊时间，选择合适的医生。中国不像日本，去大医院不需要介绍信。

　　一些人为了避免排队会去私立医院。那里环境好、服务好，而且一些私人医院接受预约。但是私立医院很少，不仅价格昂贵，而且大多数不能用医保。

　　另外，在中国的许多医院开设中医门诊，病人可以自由选择看西医还是中医。中医的治疗方式比较温和，讲究阴阳五行及经络。医生会通过把脉、看脸色、看舌苔等来诊断，一些西医看不好的病，可以通过中医来解决。但是中医的治疗时间长，中药也难吃，正所谓"良药苦口"。如果请有名的医生看病，记得提前预约哦。

温和	（治療法が）緩やかで副作用が少ない
五行	五行（ごぎょう）。中国古代の思想で、万物の根源は金・木・水・火・土の5つの元素からなると考える。
经络	経絡（けいらく）。人体の気血・つぼの筋道。
把脉	脈をとる
舌苔	舌苔（ぜったい）。（舌の表面の付着物）

中国で生活し、仕事をするのなら、まず「医保」（医療保険）に加入した方がよいでしょう。加入すれば、政府の発行する医療保険カードがもらえます。毎年、政府は一定の金額を投入しており、病気のときには直接このカードで支払うもので、銀行のカードを使うのと同じです。カードの金額を使い切った後は、全額の費用を支払う必要があります。一定の金額に達した場合は、日本と同じように、決まった割合で支払うことになります。

　日本人が中国で病院のお世話になる場合は、普通２つのケースが考えられます。１つは、会社が海外駐在員のために保険会社の医療保険を購入し、病気になれば、保険会社が90％前後の費用を負担する方法です。もう１つは、中国の医療保険に加入する方法です。具体的にどちらを選ぶかは、現地の法律と会社の制度によって決める必要があります。日本にはこういった業務を専門に扱う会社があり、必要があれば問い合わせてみるといいでしょう。また一部の都市には日本人用の診療所があり、ここでは言葉の心配はありません。大病院では、外国人には通常、英語を使います。

　中国人は、一般的に大きな公立の病院で診察を受けます。値段が安く、医療保険が使えるからです。問題は、どの病院でも患者が多いことで、朝５時や６時から並ばなくてはいけない場合もあります。最近では一部の大病院でネット予約を受け付けており、病院のホームページを見れば、医師の経歴や診察時間が分かり、自分に合った医師を選ぶことができます。中国では日本と違って、大病院に行くのに紹介状は必要ありません。

　並ぶのを避けるため、私立の病院に行く人もいます。環境はよく、サービスも優れており、一部の私立病院では予約を受け付けています。ただし、私立病院は少なく、値段が高い上に、ほとんどが医療保険は使えません。

　このほか、中国の多くの病院には中国医学の外来があり、患者は西洋医学にするか、中国医学にするかを自由に選べます。中国医学の治療方法は温和で、陰陽五行と経絡を重視します。医師は脈拍、顔色、舌苔などから診断し、西洋医学で治らない病気も、中国医学で解決できることがあります。ただし、中国医学は治療期間が長く、薬も飲みにくく、まさに「良薬は口に苦し」なのです。有名な医師に診てもらいたい場合は、事前に予約を忘れずに。

退休比日本早吧

日 听说中国人比日本人早退休。中国人一般多少岁退休？

中 事业单位男性 60 岁，女性 55 岁。企业单位的话男性 55 岁，女性 50 岁就退休了。不过由于现代人寿命逐渐延长，政府也在考虑延迟退休。最近出台的政策是每年一点点地延迟，最终可能退休年龄男女都会是 65 岁。

日 那真是差了不少呢。

中 是啊，这会带来不少问题呢。现在的年轻人工作忙，孩子都由爷爷奶奶带，如果他们还没退休，那孩子该谁来带呢？ 虽然现在全面开放了二孩政策，但一想到没人带孩子，估计真想生二胎的人应该不会太多。

日 那倒也是。

中 而且现在许多人 50 岁退休了，身体还健康可以到处旅游什么的。年轻的时候辛苦过了，退休后拿着养老金可以享享清福。如果退休延迟到 65 岁的话，估计到时候没体力旅游了。最近许多年轻人都在到处旅游，就是怕以后没机会了。

日 养老保险需要缴纳几年呢？

中 一般是本人和公司每月同时缴纳一定的比例，满 15 年就可以了。当然缴纳年数越多，拿到的养老金也越多。为了能工作到退休，看来必须多多运动了。

定年は日本より早いよね？

日 中国人は日本人より定年が早いよね。中国人は普通何歳で退職するの？

中 公的機構では男性は60歳、女性は55歳。企業では男性は55歳、女性は50歳で退職するよ。でも今の人の寿命は長くなっているから、政府も退職年齢を上げることを検討している。最近出た政策では毎年少しずつ上がっていて、最終的には男女とも65歳になるかもしれない。

日 じゃあ、ずいぶん変わるのね。

中 そうだよ。それでいろいろな問題が起こるかもね。今の若い人たちは忙しくて、子どもも祖父母に見てもらっているから、彼らが退職できなかったら、誰が子どもの面倒を見る？ 今は二人っ子政策が完全に開始されたけど、子どもの世話をする人がいないことを考えると、本当に2人目を産みたいと思う人は多くないだろうね。

日 なるほどね。

中 しかも今は50歳で退職する人が多いから、体も元気でどこにでも旅行に行けるんだよ。若いころに苦労していた分、退職して年金をもらった後、悠々自適の暮らしができるんだ。もし退職年齢が65歳になったら、その後には旅行に行く体力もなくなるかもしれないね。最近、大勢の若い人があちこち旅行に行くのは、後でチャンスがないことを心配しているんだよ。

日 年金は何年間納めればいいの？

中 一般的には、本人と会社が毎月同時に一定の割合で納めて、15年間満了すればいい。もちろん、納入年数が多ければ、もらえる年金も多くなる。退職まで働き続けるためには、しっかり体を鍛えて元気でいないとダメだね。

31 大学受験は一度しかしないの？
大学只考一次？

中国人从小到大一直考考考。想上好的幼儿园、好的小学都需要考试。升高中和大学更需要参加统一的"中考"与"高考"。

近几年提起高考，有人说是"一考定终身"、"千军万马过独木桥"。这是因为中国人一年只能参加一次高考。不是每个招生学校自主出考题，而是一个城市，或者几个城市使用同一张试卷。

对于考生来说，考高分固然重要，填志愿也是一门"技术活"。在高考前会进行一次统一的模拟考试，学生可以根据考试成绩给自己定位。每个学校的录取分数不同，同一所学校的各个专业间分数也不同。有时候计算机、法律、金融等热门专业的分数会比冷门专业高出几十分。

参加高考前，学生必须填报几所志愿大学和专业，学校会按照分数的高低与志愿的先后决定录取哪位学生。一般被选为第一志愿的学校专业都是考生十分有把握的，因为一旦第一志愿落空很可能影响之后几个志愿的录取。

有一些考生没有考上优秀的公立学校，会选择一些录取分数比较低的私立大学，那里教学质量和硬件设施可能不如公立学校好。有的落榜生会选择复读。

还有不少落榜生选择出国留学。说到留学，美国、日本、澳大利亚等都很受欢迎。在日本的药妆店、电器商店、餐馆等地都可以看到一边读书一边打工的中国留学生。那些被父母宠大的孩子们在异乡学会了独立，这恐怕是留学给他们的最大的收获。

这样看来，虽然现在中国只有"一考"，但未必"定终身"。事实上有很多路，就看怎么走了。

中考	全国統一の高校入試
高考	全国統一の大学入試
试卷	試験問題
技术活	技の使いどころ、技術を要すること
复读	受験に不合格となった学生が、再受験のために勉強すること

中国人は、子どものころから大人になるまで、ずっと受験の連続です。よい幼稚園、よい小学校に入ろうと思えば、受験が必要です。高校や大学への進学ではなおさらで、統一試験である「中考」（高校入試）や「高考」（大学入試）を受けなければなりません。

　近年、「高考」といえば、「一度の試験で一生が決まる」「千の軍人、万の軍馬が一本の木の橋を渡る」ともいわれます。これは、中国人は一年に一度しか大学受験できないからです。学生募集している学校が独自に出題するのでなく、１つの都市、または幾つかの都市で同一の試験問題を使います。

　受験生にとっては、高得点を取ることも重要ですが、志願票の書き方も１つの「技の使いどころ」です。大学受験の前には統一模擬試験があり、学生は試験の成績によって自分のレベルが分かります。各学校によって合格ラインとなる点数が異なり、同じ学校でも専攻によって違います。コンピューター、法律、金融など人気のある専攻の点数は、人気のない専攻より数十点も高いことがあります。

　大学受験の前には、学生は何カ所かの大学と専攻に申し込む必要があり、学校は点数の高低と志望の順番によって、合格させる学生を決めます。一般的に、第一志望として選んだ学校や専攻には、受験生はかなり自信を持っています。第一志望に落ちれば、その次の志望先の合否に影響するからです。

　優秀な公立学校に合格しなかった学生は、合格ラインがやや低い私立大学を選ぶこともありますが、教育の質やハード面の設備で公立学校に及ばない場合もあります。不合格となった学生には、浪人を選ぶ人もいます。

　不合格になると、海外への留学を選ぶ学生も少なくありません。留学といえばアメリカ・日本・オーストラリアなどが人気です。日本のドラッグストアや電器店、レストランなどでは、学校に通いながらアルバイトをしている中国人留学生を見かけます。両親に大切に育てられた子どもたちにとって、異郷の地で独立した生活を学ぶことは、おそらく留学が彼らにもたらす最大の収穫でしょう。

　こうして見ると、現在の中国では「一度しか受験できない」とはいっても、それで「一生が決まる」わけではありません。実際はさまざまな道があり、どのように進むかによります。

真的有跳级吗？

日 听说中国有"跳级"，真的有吗？

中 是的。一些学校同意成绩很优秀的学生跳级，听说有人 12 岁就上大学了。

日 他肯定是天才，太厉害了！

中 这只有很少一部分人。许多学校里有"提高班"，老师将优秀的学生集中在一个班级里重点培养。"提高班"里全是"学霸"，老师最喜欢这些聪明的学生了。

日 学校里有没有社团活动？

中 有是有，但是很少。大人们认为孩子只需要专心学习就可以了。

日 这么说来中国孩子的学习生活太枯燥了。

中 是啊，中国人的教育方式与西方不同，一般情况是老师讲课学生学习。就连研究生也是以听老师讲课为主，因此出了许多书呆子。

日 考大学如此辛苦，那大学里学习的知识能马上用在工作中吗？

中 其实大学文凭一般只是找工作的"敲门砖"，有一个好大学的文凭能够进一家好公司，至于日后发展还靠自己努力了。在学校里学习的只不过是书本上的知识，还得在工作中慢慢实践才行。

飛び級があるってホント？

日 中国には「飛び級」があるって聞いたけど、本当にあるの？

中 そう。成績が優秀な学生が飛び級できる学校もあって、12歳で大学に入った子もいたらしいよ。

日 きっと天才だね、すごい！

中 こういうのは一部の人だけよ。「強化クラス」がある学校がたくさんあって、先生は優秀な学生を1つのクラスに集めて重点的に養成するの。「強化クラス」は「秀才」ばっかりで、先生はこういう頭のいい子をかわいがるのよ。

日 学校には部活はないの？

中 あることはあるけど、少ないよ。大人たちは子どもは真面目に勉強していればそれでいいと思っているよ。

日 じゃあ、中国の子どもたちの学校生活は味気ないでしょうね。

中 そう、中国人の教育方法は西洋と違って、普通は先生が講義して学生が学ぶの。院生でさえ先生の講義を聞くのがメインだから、「本の虫」ばかり生まれる。

日 大学受験がそんなに大変なら、大学で学ぶ知識は実際の仕事ですぐに役立つの？

中 実際は、大学の卒業証書は就職活動のための「足がかり」に過ぎなくて、名門大学の卒業証書があればいい会社に入れるけど、その後の出世はやっぱり努力しだいね。学校で学ぶのは本の上の知識に過ぎないから、仕事の中で徐々に学んでいかなくちゃ。

32 出版やネットの環境はどうなってるの？
出版和网络的环境如何？

随着网络的普及，书籍的发行量大不如前，随之兴起的是各种电子书和新的阅读方式。

现代人由于工作生活节奏加快，能静下心来慢慢读书的时间也越来越少了，所以很多人利用坐地铁、排队等候的时间看书。一些人会选择国内获奖的文学作品，一些人会选择日本、美国等国家的畅销书，还有一些人会阅读网络小说。

在中国，网络小说的火爆程度不业于日本漫画，发布方式也与日本连载漫画相类似。那些很有人气的网络小说则会发行纸质版本，反过来带动了出版业的发展。其中的一些甚至被改编成连续剧或电影，这一点也与日本漫画相类似吧。

出版纸质书籍前，出版社对内容的审核比较严格。如包含一些不健康或者不符合国家规定的内容，可能无法在中国大陆出版。而香港、台湾的审核可能就没那么严格。网络上的东西由于对人们影响很大，因此国家也会比较关注。

此外，如Facebook、Twitter等社交平台在中国无法使用，但中国人有自己的社交平台——微博、微信。相对微博，微信更加私密，只有知道了对方的ID、电话号码等信息后才能将对方加为"好友"。用微信可以与"好友"进行聊天、语音、视频，还可以在"朋友圈"中发布文章、照片等。当然如果内容不符合规定也会被删除。

发布到网络上的信息有时会带来一些麻烦，涉及隐私或者偏激的言论还是不要随便发布的好哦。

畅销书	ベストセラー
网络小说	ネット小说
审核	審査
社交平台	ソーシャルネットワーク
私密	プライベートな

インターネットの普及に伴って、書籍の出版点数も減り、代わって出現したのは、各種の電子書籍と読書スタイルです。

　現代人は仕事や生活のリズムが速くなり、落ち着いてゆっくり読書する時間がますます減っています。そのため、多くの人が地下鉄に乗ったり、並んだりしている時間を利用して読書しています。国内で受賞した文学作品を読む人、日本やアメリカのベストセラーを読む人、あるいはネット小説を読む人もいます。

　中国のネット小説の人気度は日本のマンガに引けをとらず、発表方法も日本の連載マンガに似ています。こうした人気のネット小説は紙の書籍が出版されることもあり、それが逆に出版業界の発展を牽引しています。その中でも、連続ドラマや映画になるものもあり、この点も日本のマンガと似ているでしょう。

　紙の書籍の出版前には、出版社は内容に厳格な審査を行い、公序良俗に反したり、国家の規定に合わなかったりするものは、中国大陸では出版できない可能性があります。ただ、香港・台湾では審査がそれほど厳しくない場合があります。ネット上のコンテンツは人々への影響が甚大なため、国家も目を光らせています。

　また、Facebook、Twitter などのソーシャルネットワーク（SNS）は中国では使用できませんが、中国人には独自の SNS があります——「微博」（ウェイボー）、「微信」（ウェイシン）です。「微博」に比べて「微信」はよりプライベートなものなので、相手の ID や電話番号などの情報が分からなければ、相手を「友人」にすることができません。「微信」を使って「友人」とチャットしたり、音声チャット、ビデオチャットしたり、グループの中で文章や写真をアップすることもできます。もちろん、内容が規定に合わなければ、削除されることがあります。

　ネットで発表する情報は、トラブルにつながることもあります。プライベートまたは過激な内容は、軽々しく発信しない方がいいですよ。

看电子书的人多吗？

日 你看，那张海报上的电影看上去挺有意思的。听说是网络小说改编的。

中 昨天我刚去看了呢。

日 你看过原著么？

中 我可是那部小说的铁杆粉丝。听说作者开始只是凭兴趣在小说论坛上发表了几篇文章，后来因为反响很好就开始连载了。说不定哪天我发表几篇文章也会成名人呢。我喜欢看网络小说已经很久了，每天上班路上都会看，有几次看得太入迷，地铁坐过站了呢。

日 在地铁里怎么看？

中 我看的是电子书，只要手机里安装一个软件就可以看了，很方便。

日 日本也一样。电子书多了以后，大家都不去书店了。中国也一样吗？

中 是啊，所以现在一些书店开始用各种方法博人眼球，招揽客人。比如在书店里开咖啡店，举办作家签名会、讲座什么的。有些书店装修得像精品店，还会有游人来拍照留念呢。话说最近书店里经常可以看到从日文翻译过来的书，从励志类的到生活类的应有尽有。

日 那我也要去买几本看看。中文版和日文版对照着看，肯定对学中文很有帮助。

電子書籍を読む人が多いの？

日 ほら、あのポスターの映画って面白そうね。ネット小説から映画化されたんだって。

中 そうね、昨日映画を見に行ったばかりよ。

日 原作を読んだ？

中 その小説の大ファンなんだから。作者は趣味で小説投稿サイトに文章を発表していただけなんだけど、反響がよくて連載になったんだって。いつか私も、何か文章を投稿したら有名人になれるかも。ネット小説を読むのが好きになって長いんだけど、毎日通勤の途中に読んでいて、夢中になって地下鉄を乗り過ごしたことが何回もあるよ。

日 地下鉄でどうやって読んでるの？

中 私が読んでるのは電子書籍だから、携帯にアプリを入れれば読めて、便利だよ。

日 日本も同じよ。電子書籍が多くなってから、みんな本屋に行かなくなったの。中国でもそうなの？

中 そうね。だから今、本屋ではあの手この手で人目を引いて、お客を集めようとしてるのよ。店内にカフェを開いたり、作家のサイン会や講演会を開いたり。セレクトショップみたいな店もあって、観光客が記念写真を撮っていることもあるわね。そういえば、最近の本屋では日本語から翻訳された本をよく見るね。啓発書から実用書まで何でも。

日 じゃあ、私も買いに行かなくちゃ。中国語と日本語で読み比べれば、きっと中国語の勉強にも役立つね。

33 土地は国のもの？！
土地归国家所有？！

中国近几年房价不断攀升，大城市的房价几乎赶超日本了。在日本买一栋小别墅的价格，在中国的一些地区说不定只能买一间客厅。不得不说的是，中国的土地使用权为 70 年，也就是说土地都归国家所有，买房买的不是土地，而是使用权。由于政策出台至今未满 70 年，至于满 70 年后会如何，至今仍没有定论。

另外在中国出售的新房一般都是毛坯房，买房后还得找人设计和装修，十分麻烦。因此最近越来越多的开发商打出"拎包入住"的口号，推出了全装修的房子，不过价格也会贵许多。

近年中国房产泡沫严重，大城市房价一路飙升，而二、三线城市房产则面临着如何去库存的问题。在二、三线城市，家庭成员分别去不同城市打工的现象十分常见。有些人在大城市落户，在那里买房、生子，使得二、三线城市的人口越来越少，买房的人自然也随之减少。

除了在国内买房之外，一些"土豪"们还将目光投向了海外的房地产市场。日本、加拿大、澳大利亚、美国等地都是他们的目标。相比中国的房价，可能还是国外的便宜点儿。他们在国外买房子，等升值了再卖掉，可以赚不少钱。

说到房子不得不提的就是拆迁。城市建设中需要拆除一些老房子。当然政府也会为居民重新安排住处并发放补助金。有些人可以分配到一至两套房，补助金就够买一辆车了。有些人不满意政府补助，拒绝搬迁，他们被称为"钉子户"。做得太过分的人会受到一定惩罚。总的来说，在中国人的想法里，动迁致富了一批人。

毛坯房	内装の施されていない建物
拎包入住	カバン一つの入居
土豪	金持ち、成金
拆迁	都市建設のための引っ越し
钉子户	立ち退きを拒否して引っ越しをしない家

中国ではここ数年、不動産価格が上昇を続けており、大都市での価格は、ほぼ日本を追い越そうとする勢いです。日本で一戸建てを1軒買える値段でも、中国の一部の地域では1部屋の客間しか買えないかもしれません。特筆すべきことは、中国では土地の使用権が70年となっており、つまり土地は国が所有しているもので、売買するのは土地ではなく、使用権だということです。政策が実施されてからまだ70年に満たないため、70年を過ぎた後にどうなるかは、今のところ何とも言えません。

　このほか、中国で販売されている新築物件は通常、内装の施されていない建物であり、家を購入した後に設計と内装を依頼するのは、かなり手間のかかることです。このため最近では、ますます多くのデベロッパーが「カバン1つの入居」のキャッチフレーズを掲げ、内装済みの家を売り出しています。ただし、値段も相当高くなります。

　近年、中国の不動産バブルは著しく、大都市の不動産価格が高騰を続けている一方で、中小規模の都市の不動産は、在庫処理の問題に直面しています。中小規模の都市では、家族のメンバーがそれぞれ別の都市で働く現象がよく見られます。大都市に根付いて、その地で家を購入して家族を持つ人もあり、中小都市の人口はますます減少し、家を買う人も自ずから減っているのです。

　国内で不動産を購入するほか、一部の金持ちたちは海外の不動産市場を狙っています。日本・カナダ・オーストラリア・アメリカなどが彼らのターゲットです。中国の不動産価格に比べ、やはり国外では多少安価になる場合があります。海外でマンションを買い、値上がりを待って売り払えば、かなりの儲けになります。

　家といえば、「拆遷」（都市建設のための引っ越し）に触れないわけにはいきません。都市の建設では、古い建物の取り壊しが必要になります。当然、政府は住民のために新たに住宅を用意し、補助金を支給します。一度に家を2カ所もらえて、さらに補助金だけで車が1台買える人もいます。一方で、政府の補助に満足せず、立ち退きを拒絶する人もいて、彼らは「釘子戸」と呼ばれ、やりすぎると一定の罰則を受けることになります。総じて中国人に言わせれば、都市建設にともなう引越しは一部の人を豊かにしたのです。

既然不住为何在日本买房？

日 前几天有个朋友说想在日本买房子，为什么中国人要到国外买房子啊？

中 现在中国对炒房的管制越来越严格，买第二套房就要加许多税，更别说第三第四套了。所以现在去国外买房的"土豪"们越来越多，在国外买房不受这个限制。现在不是提倡经济全球化么，"土豪"们积极响应了呀。

日 哈哈，是呀。听说中国许多企业也都国际化了，招收了许多外国人才。

中 是啊。要走向世界，光中国国内的贤才怎么够呢？我们公司有几个日本籍、美国籍员工就是本地录用的，工资也是中国本地员工的好几倍呢。

日 看来现在的企业为了走向世界可是花了血本呢。前阵子就听说有几家知名的日本企业被中国企业收购了呢。

中 现在许多中国企业花巨资收购外国企业，一是为了获得国外的先进技术，二是为了扩大企业的国际知名度。

日 都说中国人喜欢进口货，这么一来会大卖了吧？

中 中国人喜欢进口货是因为觉得进口的质量好、性价比高。那些国际大品牌都已经深入人心，人们对品牌的信任度自然也给那些收购的企业带来一定的利益。

日 看来收购外国企业不仅仅是一箭双雕呢。

何で住まないのに日本で家を買うの？

日 何日か前、中国人の友達が日本で家を買いたいって言ってたけど、どうして外国まで行って家を買うの？

中 このところ中国では、投機目的の不動産購入の取り締まりがどんどん厳しくなって、2軒目の家を買うときは高い税金が掛かるんだ。3軒目とか4軒目ならもっと大変なんだよ。だから最近は外国で家を買う金持ちが多くなったんだ。外国なら規制を受けないからね。今は経済のグローバル化とか言われているから、金持ちは積極的に応えたんだよ。

日 はは、そうなんだ。中国の企業もみんな国際化して、外国人をたくさん採用しているんだってね。

中 そうだよ。世界に打って出るには、中国国内の人材だけじゃ足りないからね。うちの会社の日本国籍やアメリカ国籍の社員は現地採用で、給料も中国本土の社員より何倍もいいんだよ。

日 どうやら、最近の企業は世界進出のために大枚をはたくみたいだね。この間も、有名な日本企業が何社も中国企業に買収されたよね。

中 今はたくさんの中国企業が大金を出して外国企業を買収しているね。1つは国外の先進的な技術を得るためで、もう1つは、企業の国際的な知名度を得るためだね。

日 中国人は輸入品が好きだから、そうすると爆発的に売れるよね？

中 中国人が輸入品が好きなのは、品質が良くて、コストパフォーマンスがいいと思ってるからだよ。国際的な大ブランドにがっちり心を掴まれていて、そういうブランドへの信頼感も、買収する企業に自然に利益をもたらすんだよ。

日 どうやら、外国企業を買収すると一挙両得にとどまらないみたいだね。

34 ネットで何を買っているの？
在网上买什么？

中国人的"爆买"已是远近闻名，而"网购"突破了空间与时间的阻隔，自然很受中国人的喜爱。

说到"网购"平台，最具代表性的要数"淘宝网"，和日本的"乐天"一样，从吃的到用的应有尽有。一些年轻人会在网上购买日用品、食品等，省去了去超市采购的麻烦。一些网店以"快速物流"的服务来争抢顾客，有时早上下单，晚上货已经到了。

现在越来越多的人把开网店作为职业，其中尤以年轻人居多。有些网店一个月可以赚几十甚至上百万元，当然店铺的维护、进货、售后对应等可没那么简单。为了提高商品的影响力，一些网店也会雇佣模特、"网红"来为自己的店铺宣传。人们在网购时更容易"一窝蜂"，有些人气商品刚上架就被一抢而空。

在网上购买海外的商品叫"海淘"。那些定居海外或经常出差的人就充当"代购"，从中赚取一定的代购费。日本的纸尿布、奶粉、化妆品之类的就是代购们的目标。中国人一般认为进口的比国产的好。因此宁可多花一点钱，也要想尽各种办法从国外买东西。日本的产品因为品质优良、价格适中，很受喜爱。中国人的"爆买"实力太强，以至于一些商品不得不限购。

代购的货物进入中国时，如不申报，便属于逃税，所以海关检查得非常严格，被查到的话需要补交昂贵的税费。即使是这样，还是无法阻止中国人"买买买"的想法。其实这种现象的背后隐藏着中国人的无奈。

爆买	爆買い
网购	ネットショッピング
网红	ネットの世界の有名人
一窝蜂	ハチの巣をつついたように、多数の人が押し寄せること
代购	代理購入

中国人の「爆買い」をあちこちで耳にするようになりましたが、ネットショッピングは空間と時間の制限がなく、もちろん中国人に歓迎されています。

ネットショッピングのプラットフォームといえば、最も代表的なのは「淘宝網」です。日本の「楽天」と同様に、食べ物から実用品まで何でもあります。若い人の中には、ネットで日用品、食品などを購入し、スーパーに買い物に行く手間を省いている人もいます。一部のネットショップは「快速物流」サービスで顧客を奪い合い、朝に注文すれば、夜には商品が届くこともあります。

今では、ネットショップの商売を仕事にする人がますます多くなり、中でも若い人が大半を占めます。1カ月に数十万から数百万元を売り上げる店もありますが、もちろんショップのメンテナンス、仕入れ、注文の対応などはそれほど簡単ではありません。商品の影響力を上げるため、一部の店ではモデルやネットの世界の有名人を雇い、自分の店の宣伝をしています。ネット購入の際には大勢の人が群がりやすく、人気商品では、アップされた途端に売り切れとなることもあります。

ネットで海外の商品を購入することを「海淘」といいます。海外に住んでいたり、よく出張に行く人は代理購入役になり、その中から一定の手数料を受け取っています。日本の紙オムツ、粉ミルク、化粧品などが代理購入する人たちの目当てです。中国人は普通、輸入品は国産品より優れていると思っています。そのため、少々高くとも、できるだけ手を尽くして国外から買い物をします。日本の商品は品質が良く、価格も適当なので好まれます。中国人の「爆買い」力が強すぎ、一部の商品は購入を制限されるほどです。

「代購」の品物を中国に持ち込むときに申告をしなければ脱税にあたり、税関で厳しく検査され、見つかれば商品には追加で高い税金を支払わなくてはなりません。とはいえ、やはり中国人の「買買買」（爆買い）への思いを止めることはできません。実のところ、こういった現象の背後には、中国人のやむを得ない事情が隠されているのです。

"买买买"不都在国外？

日 听说有"购物节"，那是什么？

中 你说的是"双十一"吧，11月11日是"光棍节"，最近变成了单身贵族们为自己购买物品的节日。电商们都会推出各种折扣来吸引消费者。对电商来说那一天是战争，但对我们来说是个好日子。

日 不过是真的打折么？ 我听说有一些电商会抬高价格后再打折。

中 有些电商确实会耍一些花招，所以在购买之前还得货比三家。另外网上购物最怕的就是假货。网上鱼目混杂，假货实在太多，通过朋友介绍是最安全的方法。网店还会有买家评论，仔细研究买家评论和买家秀后再下手也是一种好方法。

日 听说不光是用的，连吃的也有造假的？

中 是啊，所以许多妈妈们都通过海淘给孩子买进口的食品、日用品。尤其是婴儿用品什么的都买日本、澳大利亚等国家的。宁可贵一点也要给孩子吃好的，其实他们也很无奈啊。所以一到"双十一"妈妈们就疯狂抢购囤货，有些人的家里好比仓库一样呢。

日 难怪日本的许多东西都断货了，最近还新造了"爆买"一词呢。

中 中国人也知道自己的购买力很强，在中国人们用的是"买买买"、"狂买"的说法，当然"爆买"这一词也有人用。

爆買いって、海外旅行のときだけじゃないの？

日 「買い物の日」って聞いたことあるけど何？

中 「双十一」のことでしょ。11月11日は「光棍節」(独身者のお祭りの日)で、最近は独身者が自分のために買い物をする日になったの。ネットショップのオーナーたちはいろんな割引をして客引きをするのよ。オーナーにとっては戦争だけど、私たちにはいい日よね。

日 でも、本当に値引きしているの？ 値上げしてから割り引いているところもあるって聞いたけど。

中 確かにずるい手を使うネットショップもあるから、買う前にいろいろ比べてみなくちゃ。それに、ネットで買い物するときに一番怖いのはニセモノね。ネットの商品にはピンからキリまであって、ニセモノもごろごろしているから、友達の紹介で買うのが間違いないわ。ユーザーレビューもあるから、人のレビューや、ユーザーが買った洋服を着た姿を撮って投稿した写真をよく見てから買うのも、いい方法よ。

日 使う物だけじゃなくて、食べ物にもニセモノがあるんだって？

中 うん、だからお母さんたちはみんな、子どものために海外からネットで輸入食品や日用品を買っているのよ。特に子供用品なんかは日本やオーストラリアの物を買っているの。ちょっと高くても、子どもにいいものを食べさせたいと思うのは仕方がないわ。だから11月11日には、お母さんたちは狂ったようにネットで買い溜めして、家を倉庫みたいにいっぱいにしちゃう人もいる。

日 どうりで、日本のでいろんな物が品薄になることがあるんだね。最近は「爆買い」っていう言葉もできたよ。

中 中国人も自分たちの購買力が強いことを知っていて、「買買買」とか「狂買」ともいうけど、もちろん「爆買」を使う人もいるわ。

35 中国人って旅行が好きなの？
中国人喜欢旅游吗？

　　最近来日本旅游的中国人越来越多，以至于有人笑称身边的朋友"不是在日本，就是在去日本的路上"。

　　中国的经济发展拉动了人们对旅游的热情。小长假时，人们偏爱国内的短途游。比如云南、西藏、厦门、海南岛等都比较热门。欣赏不一样的风光，品尝当地的小吃也是一种不错的休闲。年长者会选择团队旅游，有固定的导游带队十分省心；而年轻人则更喜欢自由行，在网上搜索别人的游记，然后自己做旅游攻略也不乏是一种乐趣。

　　虽说是国内旅游，但住宿、景点门票等费用加起来不比出国便宜，因此如果休假时间较长，许多人会选择出国旅游。近的会去泰国、韩国、日本，远一些的会选择欧洲、美国、澳洲等地，最近去南极旅游的中国人也越来越多。

　　在国外的一些景点，经常会看到中年人的团队。他们大多已经退休了。年轻时有些由于经济实力不够，有些由于需要照顾家庭而没有机会旅游。退休后想趁着身体好去国外长长见识，日后也可以向朋友炫耀一番。"买买买"最厉害的就是这个年龄层的人。

　　年轻人英语比较好，但经济实力还不够，因此更多的会选择穷游。现在许多国家放松了对中国的签证限制，一些年轻人会拿上护照背上行囊，"来一场说走就走的旅行"。他们会用相机记录下沿途的风土人情，回来后整理成游记，在网上发布。在记录了自己经历的同时，也为他人提供了信息。

　　通过旅行，我们感受到不同的文化，体会到不同的想法。在旅途中，一些偏见会慢慢地消除，心胸会变得更宽广。旅行带给我们的远比旅行本身多。

旅游攻略　　　　　旅行計画
炫耀　　　　　　　自慢する、ひけらかす
穷游　　　　　　　貧乏旅行
行囊　　　　　　　バックパック
来一场说走就走的旅行　　思い立ったらすぐ出発する旅に出る

最近は日本に旅行に来る中国人がますます多くなり、周りの友達は「日本にいるか、日本へ行く途中にいるかのどちらかだ」と冗談で言う人もいるほどです。
　中国経済の発展は、人々の旅行への情熱を呼び覚ましました。ちょっとした連休になると、国内への短期旅行に人気が集まっています。雲南、チベット、アモイ、海南島などはいずれも人気スポットです。いつもと違う風景を楽しみ、現地の名物を味わうのも、なかなかの休日です。年配の人はよく団体旅行を選び、専属のガイドが引率してくれれば気楽です。一方、若い人は自由旅行を好み、ネットで誰かの旅行記を読み、自分の旅のプランを練るのも楽しみの１つです。
　国内旅行といっても、ホテルや観光地のチケットなどの費用を合わせると、海外より安くはありません。そのため、休暇の期間が長ければ、海外旅行を選ぶ人も多いです。近場ならタイや韓国、日本、ちょっと足を伸ばせばヨーロッパ、アメリカ、オーストラリアなどに行くこともあり、最近では南極旅行に行く中国人も少しずつ増えています。
　海外の観光地では、よく中高年のグループを見掛けます。大部分は退職した人たちです。若いころには経済力が足りなかったり、家族の面倒を見るために旅行のチャンスがなかったのです。退職後は、元気なうちに海外に行って見聞を広めておけば、後々になって友達に自慢することもできます。爆買いが最も甚だしいのは、この年齢層の人たちです。
　若い人は英語ができるものの、経済力が十分でないので、貧乏旅行を選ぶ場合が多いでしょう。現在では多くの国で中国ビザへの制限を緩めており、一部の若い人はパスポートを片手にバックパックを背負い、「思い立ったらすぐに出発する旅に出る」のです。彼らは行く先々の風土や人々の姿をカメラに収め、帰国すると旅行記にまとめて、ネットにアップします。自分の経験を記録すると同時に、ほかの人と情報を共有しています。
　旅行を通じて、私たちは異なる文化を受けとめ、さまざまな考え方を学ぶことができます。旅先では偏見も徐々に薄れ、心が広く寛容になることでしょう。旅行がもたらすものは、旅そのものよりはるかに多いのです。

见到迷路的中国游客要不要搭话？

日 最近马路上经常可以看到中国游客问路，想为他们指路却怕中文不够好。你说，我跟他们搭话好，还是不搭话好？

中 如果他们碰到会说中文的日本人肯定会非常高兴的。日本人的热情已经在中国受到了好评，经常可以听到旅游回来的人们称赞日本。其实那些自由行的中国人来日本玩会碰到许多麻烦，如果你能帮助他们，他们会十分感激的。

日 你说的麻烦是指不认路吗？

中 这也是其中一点，英语标识太少，日语中除了汉字还有假名，而且即使汉字相同意思也会不同，很容易误解。再说日本的出租车太贵，一般大家都会坐地铁，但地铁换乘对外国人来说太复杂了。

日 我们日本人都觉得复杂呢，我在新宿车站迷过许多次路啦。

中 另外，我经常听朋友们抱怨说，在日本预订饭店时不方便。比如说，需要日本国内的电话号码。

日 这可能和日本人喜欢确认的习惯有关，用电话确认比较方便。

中 我去其他国家旅游时都通过邮件预订，但日本比较少。

日 这可能是因为写邮件需要用中文或英文吧。

中 建议一些店雇佣会中文的员工，这样就造福我们啦。

迷ってる中国人観光客に声を掛けてもいいのかな？

日 最近、街なかでよく道を聞いている中国人観光客を見るよ。教えてあげたいんだけど、中国語が上手くなくて。ねえ、日本人は話し掛けた方がいいの？　それともしない方がいい？

中 中国語を話せる日本人に出会ったら、彼らもすごく喜ぶと思うよ。日本人が親切なのは中国でも評判になっていて、旅行から戻った人がよく日本人を褒めているし。個人旅行の中国人は日本に来るといろいろ困ることが多いから、助けてあげればきっと感激するよ。

日 困ることって、道が分からないとか？

中 それも1つだけど、英語の看板が少なくて、日本語は漢字のほかにも仮名があって、しかも同じ漢字でも意味が違うこともあるから、間違いやすいんだよ。それに日本のタクシーは高くて、普通の人は地下鉄に乗るんだけど、地下鉄の乗り換えは外国人にとっては複雑すぎるよ。

日 日本人にも分かりにくいもの、私も新宿駅で迷子になったことが何回もあるよ。

中 それから、よく友達の不満を聞くんだけど、日本でレストランを予約するとき不便なんだって。例えば、日本国内の電話番号が必要だとか。

日 それは日本の確認好きな習慣と関係があるかもね。電話なら連絡しやすいでしょ。

中 ほかの国に旅行に行ったときには、みんなメール予約だったのに、日本ではあまりないね。

日 メールなら中国語や英語を書かなくちゃいけないからかもね。

中 店で中国語の分かるスタッフを雇ったらどうかな。そうすれば私たちにはありがたいわ。

キーワード③

差額選挙
　候補者を定員よりも多く出す選挙のこと（これに対し、候補者数と定員が一致し、事実上の信任選挙となるのを「等額選挙」という）。現在、中国では選挙法が改正されて等額選挙は禁止され、全人代に参加する人民代表を選出する予備選挙でも、一部の地方では共産党が推薦する候補者が落選する例もある。

第二胎
　2人目の子どものこと。中国では段階的な人口抑制策を経て、特に1979年から厳格な一人っ子政策が実施されていたが、成長力の低下につながる働き手の減少に歯止めをかけるなどの狙いから、2016年1月より、すべての夫婦に2人目の子どもを持つことを認めた。ただし、教育費の増加などのために2人目を望まない夫婦も多いとみられている。

毛坯房
　内装が施されていない物件のこと。「毛坯」は半加工品、半完成品の意味。中国の新築物件は一般的に外装のみで引き渡され、ガス・電気・水道工事から壁面・床の処理、装飾に至るまで住民が自ら手配して行うことが多い。ただし最近では、価格は高いものの、内装済みの販売形態も見られるようになった。

文化芸術

第4章

文化艺术

36 日本語と中国語には なぜ意味の違う単語があるの？
为什么日文与中文有些词义不同？

　　中文与日文中，有些词汉字相同但意思不同。不过仔细想想，就能找出不同的原因来。比如说"手纸"。这是一种比喻的用法，原意是"手上拿着的纸"。在中文里，用它来比喻卫生纸，而在日文里，用它来比喻信笺。

　　有些词义的不同是由于汉字的含义在中国发生了变化。比如说"等"。在古代是"等级"、"相同"的意思。后来才有了"等候"的含义。这种新用法日本人就不熟悉了。

　　还有一些成语，比如说"朝三暮四"。本来是讲一个养猴人对猴子说，早上给三个果子，晚上给四个，猴子不高兴。于是他改口说，早上给四个，晚上给三个，猴子才同意。在日文中维持着原意：用不同的说法来骗人，而实质上是一样的。但在中文里起了变化，表示变来变去、不专一。

　　还有许多词是互相交流的结果。在幕末明治时期，日本的学者创造了许多新的汉文词来翻译西方书籍，比如福泽谕吉在翻译 economy 时，从中文的"经世济民"中获得灵感，把它译成"经济"。尽管中国的翻译家严复把它翻译成"计学"，但现在还是使用日文的译法。

　　现在中日之间的人员来往频繁起来，上述交流更加活跃了。比如说在合同上"○○公司"不译成"○○会社"，而"董事长、总经理"等称呼也在商务人员中常常使用吧。中国的许多年轻人迷上了日本的动漫，于是"萌"、"卡娃伊"、"御宅族"等都涌进了中国。不过汉字也会带来误解。比如"萌"变成了"很可爱"的意思。"宅"被理解为关在家里，热衷于某些爱好。"宅在家里"的意思是「家にこもる」。可见以汉字为媒介的词汇交流从古至今是一脉相承的。

严复	厳復（1854-1921）。清代末期から民国初期に活躍した啓蒙思想家・翻訳家
萌	萌える
卡娃伊	かわいい
御宅族	オタク

中国語と日本語には、漢字が同じでも意味が異なる単語があります。ただ、よく考えてみれば、異なっている理由は分かります。例えば「手紙」です。これは一種の比喩的な用法であり、もとの意味は「手に持った紙」です。中国語ではトイレットペーパーを表しますが、日本語では手紙のことです。

　一部の単語の意味の違いは、漢字の持つ意味が中国で変化したことによります。例えば「等」。昔は「等級」「同じ」という意味でしたが、後に「待つ」という意味が生まれました。こういった新しい用法については、日本人はなじみがないのです。

　また、一部の成語、例えば「朝三暮四」があります。もとの意味はこうです。猿の飼い主が「朝に果物を3つ、夜に4つあげよう」と言うと猿は怒り、「朝に4つ、夜に3つあげよう」と言い直すと猿は喜びました。日本語には「言い方を変えてごまかしても、実際は同じこと」という本来の意味が残っています。ところが中国語では、「ころころ変わる」「一途でない」という意味に変わったのです。

　さらに、多くの単語は相互交流の中で生まれたものです。幕末・明治時代には、日本の学者は多数の新たな漢語を作り、西洋の書籍を翻訳しました。例えば福澤諭吉は「economy」を翻訳する時、中国語の「経世済民」からヒントを得て、「経済」と訳しました。中国の翻訳家の厳復は「計学」としましたが、現在では日本語の訳語が使われています。

　現在、中国と日本の間は人の往来が盛んになり、上のような交流が活発化しています。例えば契約書では「○○公司」を「○○会社」とは訳さず、「董事長、総経理」などの呼称も、ビジネスマンはよく使うでしょう。中国の多くの若い人は日本のアニメが大好きで、「萌」（萌える）、「卡娃伊」（かわいい）、「御宅族」（オタク）などは中国にも流入しています。ただし、漢字は誤解ももたらします。例えば「萌」は「とてもかわいい」の意味に変わり、「宅」も家に閉じこもって、何かの趣味に熱中することと理解されています。「宅在家里」といえば、「家にこもる」という意味です。漢字を媒介とした言葉の交流は、昔から今日に至るまで脈々と受け継がれていることが分かります。

台湾人看得懂简化字吗？

日 汉语里的简化字，有各种简化办法。有的一看就能看懂，有的完全看不懂。其中有什么规律吗？

中 有的保留了部分字形，有的改变了偏旁，或者是把草书字体定为印刷字体。有些字原来就有多种写法。比如"驚"和"惊"、"響"和"响"，这叫异体字。简化字一般用的是笔划较少的。另外还有各种简化方式。

日 那台湾人能看懂简化字吗？

中 以前说看不懂的人比较多。但现在据我的台湾朋友说，只是看的话，基本上没问题。

日 那么反过来，大陆的义务教育中不教繁体字吗？

中 在正规教程中不教。不过在日常生活中，常常见到繁体字的招牌、影视作品和卡拉 OK 的字幕等，有些书是繁体字的。

日 那大陆人都能看懂繁体字吗？

中 简化字方案是上世纪 50 年代制定的，那以前接受教育的人就不用说了。后来的人尽管不会写，基本上能看懂吧。当然看不懂的人也是有的。

台湾の人は簡体字が読めるものなの？

日 中国語の簡体字って、いろいろな省略の仕方をしているよね。見て分かるものもあるし、全然見当がつかないものもあるし。何かルールがあるの？

中 もとの字形の一部を残したり、偏や旁を変えたり、草書体を印刷書体として決めたものもあるよ。もともといろんな書き方があった字もある。例えば「驚」と「惊」、「響」と「响」は異体字というんだ。簡体字は普通、画数が少ない方を使っているよ。ほかにもいろんな略し方があるんだ。

日 台湾の人は、簡体字が分かるものなの？

中 以前は分からないと言う人が多かったね。でも今は、台湾の知り合いによると、読むだけなら、ほとんど問題ないそうだよ。

日 じゃあ、逆に大陸の義務教育では繁体字は教えないの？

中 正式なカリキュラムでは教えない。でも、日常の生活の中で繁体字の看板や映画やカラオケの字幕もよく目にするし、繁体字で印刷された本もあるからね。

日 それなら、大陸の人は繁体字が読めるの？

中 簡体字は1950年代に決められたものだから、それ以前に教育を受けた人人はもちろん読めるよ。その後の人は、書けなくても基本的には読めるよ。もちろん分からない人もいるけどね。

37 漢詩にはどういうものがある？
中国诗歌有哪些种类？

　　中文分为诗与散文两大类。诗要押韵（现代诗有所不同），散文可以不押韵。广义上的诗中包括诗、词、曲等。

　　中国最早的一部诗歌总集叫《诗经》(305篇)，主要收集了黄河流域的诗歌。比如说"蒹葭苍苍，白露为霜，所谓伊人，在水一方"后来变成了台湾电视剧《在水一方》中的歌词"绿草苍苍，白雾茫茫，有位佳人，在水一方"，红遍全中国。

　　而代表长江文明的是《楚辞》。经屈原润色的《九歌·湘夫人》中写道"沅有茝兮醴有兰，思君子兮未敢言"，把可望而不可即的意境写得非常浪漫。

　　唐代出现了律诗和绝句。这是日本人最熟悉的吧。浪漫的李白被叫做诗仙，严谨的杜甫被称为诗圣，还有诗写得平易近人的白居易（白乐天），这三人在中国最有名。

　　在宋代，除了宋诗以外，还出现了一种"词"的形式。这是一种句子长短不齐的可以唱的诗。比如说，李之仪在《卜算子·我住长江头》中写道"我住长江头，君住长江尾。日日思君不见君，共饮长江水"。

　　元代有名的是元曲，本来是戏曲中的一部分。比如说，马致远在《天净沙·秋思》中写道"枯藤老树昏鸦，小桥流水人家，古道西风瘦马。夕阳西下，断肠人在天涯"。

　　到了近代，诗人寻找新的节奏。比如说，戴望舒在《雨巷》中写道"撑着油纸伞，独自彷徨在悠长、悠长又寂寥的雨巷"。有些诗中带有对社会的批评意识，比如说顾城在《一代人》中写道"黑夜给了我黑色的眼睛，我却用它寻找光明"。

押韵	押韻する
可望而不可即	望んでも思い通りにならない

中国語には、「詩」と「散文」の２種類があります。「詩」は押韻が必要なものであり（現代詩はやや異なります）、「散文」は押韻をしなくともよいものです。広義の「詩」はさらに「詩」、「詞」、「曲」などに分かれます。

　中国の最も早期の詩歌集は『詩経』（305 篇）と呼ばれ、主に黄河流域の詩歌を収録しています。例えば「蒹葭蒼蒼たり、白露霜と為り、所謂伊（こ）の人、水の一方に在り」という詩句は台湾のテレビドラマ『在水一方』の主題歌の歌詞「草が青々と茂り、白い霧が立ち込める。川の向こうには、美しい人がいる」となって、全中国を席巻しました。

　一方、長江文明を代表するのが『楚辞』です。屈原が手を加えた「九歌・湘夫人」には、「沅に芷有り醴に蘭あり、君子を思ども未だ敢えて言わず」という詩句があり、望んでも思い通りにならないという境地をロマン豊かに表現しています。

　唐代には「律詩」と「絶句」が生まれました。これは日本人にはおなじみでしょう。ロマンチックな李白は「詩仙」、謹厳な杜甫は「詩聖」と称され、さらに平易で親しみやすい詩を書いた白居易（白楽天）も加え、この３人は中国で最も有名です。

　宋代になると、宋詩のほか、さらに「詞」と呼ばれる形式が生まれました。詩句の長短が不ぞろいで、歌うこともできる詩です。例えば、李之儀は、「卜算子・我住長江頭」で、「我は長江の頭に住み、君は長江の尾に住む。日日君を思うも君に見（まみ）えず、共に長江の水を飲む」と記しました。

　元代で有名なのは「元曲」であり、本来は劇曲の中の一部分でした。例えば、馬致遠は「天浄沙・秋思」で、「枯藤の老樹に昏の鴉、小橋に流水　人家あり、古道に西風　痩馬あり、夕陽　西に下れば、断腸たり　人は天涯に在り」と記しました。

　近代になると、詩人は新たなリズムを模索しました。例えば、載望舒は、「雨巷」（雨の街角）で、「番傘をさして　ひとり長い長いうらぶれた雨の街角をさまよう」と記しました。一部の詩には、社会への批判的な意味が込められています。例えば、顧城は「一代人」で、「暗い夜は私に暗いまなざしを与えたけれど私はそれで輝かしい希望を追い求める」と記しました。

谁都会背古诗？

日 中国的学生真喜欢背诵啊。在北京留学时，每天早晨上课前，看到很多学生在校园里背书，让我好吃惊。

中 中国传统的教育就是重视死记硬背。特别是古诗，从幼儿园的时候就开始背了。也不多教意思，开始就是摇头晃脑地反复念。

日 那他们真能懂得诗的含意吗？

中 似懂非懂吧。中国人喜欢说"书读百遍，其意自现"。在学校的语文课上会教朗诵，教你怎么不是呆板的，而是加上感情来读。学校还举行诗朗诵比赛呢。

日 在日本的课堂里也学一点中国的古文，但没有朗诵。那说不定在中国不少人会作古诗吧。

中 也有一些学识渊博的人会按平仄押韵来作诗。不过一般人做的都是打油诗。有人会在欢送会什么的场合念一念自己写的诗。

日 听你这么一说，我感觉，比起日本，诗歌更多地进入了中国人的生活里啊。

みんな漢詩を暗唱できる？

日 中国の学生って、本当によく暗記するよね。北京に留学していた時、毎朝授業が始まる前に、校舎の外で教科書を暗唱している学生が多くて、びっくりしたよ。

中 中国の伝統的な勉強法では、暗記が重視されるね。特に漢詩は幼稚園のころから暗唱し始めるんだ。意味を深く教わるんじゃなくて、最初はただリズムに乗って何度も何度も繰り返すんだよ。

日 それで、本当に理解できるの？

中 分かったような、分からないような感じだね。中国人はよく「読書百遍、意自ずから通ず」って言うからね。学校の国語の授業では「朗誦」といって、棒読みじゃなくて自分の気持ちを込めて表現する方法を教わって、朗誦大会もあるんだよ。

日 日本では漢文の時間に少し古典を勉強するけど、朗誦はしないよ。じゃあもしかして中国では漢詩を作れる人も多いのかな。

中 博学な人には、きちんと平仄や韻を踏んだ漢詩を作れる人もいるよ。でも普通の人が作るのは、みんな「漢詩もどき」だね。送別会などの機会に自分の詩を読んだりするんだよ。

日 そう聞くと、日本に比べて、詩は中国人の生活の中に溶け込んでいるんだね。

38 漢文と現代文はどう違う？
"文言文"与"白话文"有哪些不同？

在日本要学习"漢文"，有人会问，"漢文"与普通话有关系吗？ 中国人学不学"漢文"呢？我们就来谈谈这个问题。

语言可分为书面语和口语。在以前，用书面语写的文章被称为"文言文"，接近口语的文章被称为"白话文"。比如说《三国演义》原来是明代说书场中讲的故事，当然用的是当时的口语。这些故事被记录下来，就是白话小说。而对于当时的人来说，《论语》之类的是"文言文"作品。

上世纪初，胡适、鲁迅等人提倡用口语（"白话文"）来写文章。普通话基本上是白话文，而之前的作品对现代人来说就是"文言文"，也叫"古文"了。

中国的学生学语文时，要学现代文、文言文。通过上面的说明，大家可以知道文言文就相当于日本人说的"漢文"。

那么文言文与现代文有什么区别呢？我们以《论语》中的话为例来说明。比如说，"知之为知之，不知为不知"译成现代文，就是"知道的话，就说知道，不懂就说不懂"。"己所不欲，勿施于人"可以译为"自己不喜欢的事不要强加于人"。可见用词和语序上有些变化，但不需要加レ点、返り点。

事实上，上述两句话在写文章或说话时，都用文言文直接说，没有人会把它译成现代文的。另外，如《三国演义》之类的小说，大家看的都是原著。这些作品被改编为影视作品时，有时台词是半文半白的。比如大家一定说"三顾茅庐"，不会说"三次去诸葛亮家拜访"。

由此可见，文言文不仅通过成语、警句等被保留了下来，而且它能使现代文更加精炼。在这个方面，学过"漢文"的日本人就能发挥自己的优势了。

胡适	胡適（1891-1962）。中華民国の学者・思想家。1917年より白話文学運動を提唱した
鲁迅	魯迅（1881-1936）。中華民国の思想家・文学者。胡適らによる白話文学運動を実践的に推進した
优势	利点、長所

日本では「漢文」を学ぶので、「『漢文』と『普通話』は関係がありますか？」「中国人は『漢文』を勉強するのですか？」と聞きたい人もいるでしょう。この点について見てみましょう。

　言語は「書面語」と「口語」に分かれます。以前は、書面語で書かれた文章は「文言文」と呼ばれ、口語に近い文章は「白話文」と呼ばれていました。例えば、『三国志演義』はもともと明代の講談の場で語られた物語で、当然ながら当時の口語が使われています。こういった物語を記録したものが「白話小説」です。一方、当時の人にとっては、『論語』などは「文言文」の作品でした。

　前世紀の初頭、胡適・魯迅らの人々が口語（白話文）で文章を書くことを提唱しました。「普通話」は基本的に「白話文」ですが、それ以前の作品は現代人にとっては「文言文」であり、「古文」とも呼ばれています。

　中国の学生は国語を学ぶとき、「現代文」と「文言文」を学ぶ必要があります。上のような説明から、「文言文」とは日本人のいう「漢文」に相当することがお分かりいただけたでしょう。

　それでは、「文言文」と「現代文」はどう違うのでしょうか？　『論語』の一節で説明しましょう。例えば「知之為知之,不知為不知」を現代文に訳すと、「知っているなら、知っていると言い、分からないなら、分からないと言う」です。「己所不欲,勿施于人」は「自分が好まないことは人にも無理にさせてはならない」です。言葉と語順に若干の変化はありますが、レ点や返り点はいりません。

　実際、上の二句は文章に書いたり話したりするとき、文言文でそのまま使い、現代文に直す人はいません。そのほか『三国志演義』などの小説は、多くの人は原作を読みます。こういった作品が映像化される場合、セリフは文言と白話が混ざり合うことがあります。例えば、誰もが「三顧の礼」といい、「三度諸葛亮の家を訪ねる」とは言いません。

　このように、「文言文」は成語や格言を通じて受け継がれているだけでなく、現代文を洗練させることもできます。この分野では、「漢文」を学んだ日本人は自らの長所を発揮できるでしょう。

日本人喜欢的曹操在中国是坏人？

日 中国人从小读《论语》吗？

中 这跟年龄有关。在文革时代长大的人一般不读《论语》。那时候批判《论语》，大家都是作为反面教材知道一些论语中的话的。现在《论语》重新被肯定，书店里也陈列着不少有关《论语》的书。不过多数的孩子只在语文课上读一小部分而已。

日 日本人都知道《西游记》和孙悟空。这些在中国也受欢迎吗？

中 聪明伶俐的孙悟空、贪吃贪睡的猪八戒、容易上当的唐僧、性情耿直的沙和尚，他们的故事是家喻户晓的。记得以前有一部动画片叫《大闹天宫》，对孩子们的影响特别深。

日 那《三国演义》呢？在日本，喜欢曹操的人很多，在中国呢？

中 《三国演义》当然无人不知，还拍过一些电影、电视剧。不过，这些影视作品都忠实于原著，不像日本那样搞再创作。曹操在原著中是一个奸臣吧。这个坏人的形象还是比较难以颠覆的。

日 中国人记住一些古文吗？

中 是的。读书时要背一些古文，比如说《岳阳楼记》中的"先天下之忧而忧，后天下之乐而乐"，这样的句子大家应该都记得。

日本で人気の曹操は中国では悪者なの？

日 中国人は小さいころから『論語』を読むの？

中 世代によって違うんだ。文革時代に大きくなった人は普通、『論語』は読まないね。当時は『論語』が批判されたから、みんな反面教師の教材として一部の話を知っているよ。今また『論語』は肯定されていて、書店では『論語』に関連する本がたくさんあるよ。ただ、ほとんどの子どもたちは国語の教科書で少し読むだけかもね。

日 日本人はみんな『西遊記』と孫悟空を知ってるけど、中国でも人気があるの？

中 頭が良くて機転のきく孫悟空、食いしん坊で寝ぼすけの猪八戒、すぐ騙される三蔵法師、正直で真面目な沙悟浄の物語は、知らない人はいないよ。以前、確か『大暴れ孫悟空』というアニメが子どもたちに大人気だったよ。

日 じゃあ、『三国志演義』は？　日本では、曹操が人気だけど、中国ではどう？

中 『三国志演義』はもちろん誰でも知っていて、映画やドラマもあるよ。ただ、こういう映像作品は原作に忠実で、日本みたいに脚色はしない。曹操は原作では悪者だから、そのイメージは変わりにくいね。

日 中国人は古典の名文を覚えているの？

中 そう、学校では古典の名文を暗唱するんだ。例えば『岳陽楼記』の中の「天下の憂いに先だちて憂え、天下の楽しみに後れて楽しむ」とか。こういう言葉はみんな覚えているはずだよ。

39 日本のマンガやアニメが好きだよね？
都喜欢日本动漫吧

中国有许多年轻人们热衷于日本动漫。从多年前的《名侦探柯南》、《火影忍者》到最近日本也很流行的《进击的巨人》、《东京食尸鬼》等，他们紧跟着日本的流行趋势。

在网上中国的年轻人们可以第一时间接触到最新信息。大城市每年都会举办多次动漫展览，除了COSPLAY外，现场还会有动漫迷们贩卖自己制作的同人志或者周边产品。其中不乏一些原创作品，但更多的是日本的当红作品。

最近中国的各大影院上映《名侦探柯南》、《火影忍者》的剧场版，多年前的动漫迷们如今都当了爸爸妈妈，他们会带着孩子一同去影院观看。日本动漫已经影响到下一代。

不仅是作品本身，各种周边也十分吸引人。一些大商场、地铁站里立着成排的扭蛋机器，虽然价格会比日本贵1－2倍，但还会有许多人来试试手气。

因为喜欢动漫，很多人会专程去东京的秋叶原或者池袋等地方淘一些在中国买不到的动漫歌曲CD、周边商品。还有一些会为了参加声优的见面会、电影的首映礼而赶来日本。通过动漫，中国人了解到了日本的文化、日本人的想法、日本人的生活习惯、日本的美食以及美丽的四季景色等。

如今动漫已经成了传递文化的纽带，将本国的风土人情展示给世界各国的人们。中国有许多动漫迷们自学日语，为的是能够看懂原版的动漫作品。说不定你在大街上能碰到许多会日语的年轻人呢。

《名侦探柯南》	『名探偵コナン』
《火影忍者》	『NARUTO-ナルト-』
《进击的巨人》	『進撃の巨人』
《东京食尸鬼》	『東京喰種トーキョーグール』
扭蛋机器	ガチャポン、カプセルトイ

中国の多くの若者たちは日本のマンガやアニメの大ファンです。昔の『名探偵コナン』や『NARUTO』から、最近日本でも人気の『進撃の巨人』『東京喰種トーキョーグール』まで、彼らは日本の流行を熱心に追いかけています。

　ネットでは、中国の若者は最新情報をたちどころにキャッチできます。大都市では毎年、アニメフェスがたびたび開催され、コスプレをする以外に、現場ではアニメファンたちが自作の同人誌や関連グッズを売っています。その中にはオリジナル作品も少なくありませんが、より多いのは日本で人気の作品です。

　最近、中国の大きな映画館では『名探偵コナン』や『NARUTO』の劇場版が上映され、昔のアニメファンが今では父親・母親となって、子連れで映画館へ行くこともあります。日本のアニメは、もう次世代に受け継がれています。

　作品そのものだけでなく、その関連グッズも魅力的です。大型のショッピングセンターや地下鉄の駅に並んでいるガチャポンは、価格は日本の2〜3倍するものの、触って運試ししてみたい人が多いのです。

　アニメが好きで、わざわざ東京の秋葉原や池袋などの場所へ行き、中国では手に入らないアニメソングのCDや、関連グッズを買い求める人も多いです。さらに、声優のファンミーティングや、映画のオープニングセレモニーのために日本に駆けつける人もいます。アニメを通じて、中国人は日本文化や日本人の考え方、生活習慣、日本の美食や美しい四季の風景などまで知っています。

　今では、アニメは文化を伝える架け橋となり、その国の風土や人々の姿を世界各国の人々に示しています。中国の多くのアニメファンたちが日本語を独学しているのは、アニメ作品が原作で理解できるようになるためです。もしかすると、街なかで日本語のできる若者にたくさん出会えるかもしれませんよ。

有人看中国动漫吗？

日 有人看中国动漫吗？

中 有啊。不过中国本土的动漫一般是面向孩子的，给大人看的作品比较少。最近的孩子们喜欢看《喜羊羊和灰太狼》之类的动漫。

日 那么大人们喜欢看什么呢？

中 现在网络十分发达，日本的当红动漫作品其实在中国也很受欢迎。比如不久前的《银魂》、《进击的巨人》就很有人气。汉语里已经有"二次元"、"宅男"、"萝莉控"、"腐女"等新词汇了，动漫迷们之间的专门说法就更多了。

日 那立志当漫画家的人多吗？

中 当然多了，我以前的梦想就是当漫画家呢。现在中国的一些漫画家水准不比日本差，但动漫产业仍然与日本有一定的差距。一些喜欢动漫的年轻人为了学习动漫制作特地到日本、美国留学。有些人毕业后进入当地的动画制作公司工作，如果你仔细看一些动画片的结尾，说不定会发现中国人的名字呢。

日 日本的动漫对中国的影响真的很大啊。

中 是啊，很多年轻人因为动漫学习日语，来日本留学。还有在日本上声优学校的呢。

中国のアニメを見る人もいるの？

日 中国のアニメを見る人もいるの？

中 いるよ。でも中国本土のアニメは普通、子ども向けのもので、大人が見るものは少ない。最近の子どもたちが好きなのは『シーヤンヤンとホイタイラン』とかかな。

日 じゃあ、大人が好きなのは？

中 このごろはネットが発達してるから、日本でヒットしたアニメが実は中国でも流行っているんだよ。最近の『銀魂』とか『進撃の巨人』はなかなか人気がある。中国には「二次元」、「宅男」、「萝莉控」（ロリコン）、「腐女」みたいな新語も入っていて、アニメファンたちの間では特別な言葉がもっといろいろあるよ。

日 じゃあ、漫画家になりたい人も多いの？

中 もちろんだよ。僕だって昔、漫画家になりたかったんだよ。今の中国の漫画家には、日本に劣らないレベルの人もいるけど、アニメ産業はまだ、日本とはある程度の開きがあるんだ。アニメが好きな若い人は、アニメの製作を学ぶために日本やアメリカに留学して、卒業してから現地のアニメ製作会社に入る人もいるよ。アニメのエンドロールをよく見ると、中国人の名前が見つかるかもしれないよ。

日 日本のアニメが中国に与えている影響は大きいのね。

中 そう、アニメがきっかけで日本語を勉強して、日本に留学に来ている若い人も多いよ。日本で声優の学校に行っている人までいるよ。

40 演劇は京劇だけじゃない？
戏剧不光是京剧？

　　中国现存戏剧中历史最悠久的是昆剧。"昆"指的是昆山，在苏州附近。昆剧起源于明朝，许多著名文人为之写过剧本。据说唱昆剧用的是明代官话，就是当时的普通话。昆剧的唱腔起伏不大，边唱边舞。它被称为中国的"百戏之母"。

　　在清代的1790年，一个安徽省的戏班子（"徽班"）为庆贺乾隆帝八十岁生日进京演戏，受到嘉奖，于是他们就在北京住下了。后来也有许多安徽、湖北的戏班子进京。他们融合其他剧种的特色，逐步形成了现在最著名的京剧。与昆剧相比，京剧唱腔跌宕起伏，唱戏时不跳舞的场面比较多。

　　看京剧以前叫"听戏"。因为京剧原是在"茶园"里唱的，大家一边喝茶嗑瓜子一边看，看到精彩之处还要叫"好"，台上台下非常热闹。后来那里变成了收票的"戏园子"。之后改在有舞台和座位的"剧场"、"戏院"里演出。

　　京剧的角色分为"生、旦、净、丑"四种。老生、小生是男人。青衣、花旦、老旦是女人。净也叫花脸。丑角是惹人发笑的滑稽人物。

　　除了昆剧和京剧外，中国还有许多地方戏。地方戏是用方言来唱的，只有一部分人能听懂。比较著名的有越剧、沪剧、川剧、布袋戏等。

　　越剧是浙江杭州一带的戏剧、本来都是女性演的，上个世纪80年代才有男性参加演出，一时成为新闻。在离杭州不远的上海，有用上海话唱的沪剧，沪是上海的简称。

　　川剧是用四川话唱的。川剧表演中的变脸相当有名，就是演员吹出火焰，同时摇摇头，就会出现另一张脸。布袋戏也算一种地方戏，其实是用木偶，在闽南等地流行。台湾的布袋戏相当著名。

唱腔	節回し
嘉奖	褒賞
跌宕	（音調が）変化に富んでいる
变脸	伝統劇の技の１つで、顔（マスク）を一瞬のうちに変える
布袋戏	指人形芝居

中国に現存する演劇のうち、歴史が最も長いのは「崑劇」です。「崑」は崑山を指し、蘇州付近にあります。崑劇の起源は明朝にさかのぼり、多くの著名な文人が脚本を書いています。崑劇で歌うために使われたのが明代の「官話」、つまり当時の共通語だったといわれています。その節回しは起伏が少なく、歌いながら舞います。中国の「百劇の母」といわれています。

　清代の1790年に、ある安徽省の劇団（「徽班」）が、乾隆帝の80歳の誕生日を祝うために北京で公演して認められ、北京に留まることになりました。その後、多くの安徽省や湖北省の劇団が上京しました。彼らはそのほかの演劇の特色を融合し、次第に現在最も有名な「京劇」を作り上げしました。崑劇と比べて、京劇の節回しは抑揚と起伏に富み、歌うときに舞踊をしない場面が多めです。

　京劇を見ることを、昔は「芝居を聴く」といっていました。京劇はもともと「茶園」（演芸場のある茶館）で上演されており、観客はお茶を飲み、種をかじりながら見物し、山場では「好」の掛け声が掛かり、舞台の上も下も大賑わいでした。その後「茶園」はチケットを売る「戯園子」（芝居小屋）となり、さらに京劇は舞台と座席のある「劇場」や「戯院」で上演されるようになりました。

　京劇の役柄は「生」「旦」「浄」「丑」の4種類です。「老生」「小生」は男性で、「青衣」「花旦」「老旦」は女性。「浄」は「花臉」ともいいます。「丑角」といえば、人を笑わせる道化のことを指します。

　崑劇と京劇のほかに、中国にはさまざまな地方劇があります。地方劇は方言で演じられ、聞き取れるのは一部の人です。有名なのは「越劇」「滬劇」「川劇」「布袋劇」などです。

　「越劇」は浙江省の杭州一帯の演劇で、もとは女性が演じるものでした。前世紀の80年代に男性が出演し始め、一時はニュースになりました。杭州から遠くない上海では、上海語を用いた「滬劇」があり、「滬」とは上海の略称です。

　「川劇」は四川方言で演じます。川劇のパフォーマンスの1つである「変臉」は非常に有名で、役者が火を吹きながら頭を揺すると、別の顔（マスク）が現れます。「布袋劇」も地方演劇の一種で、実際は木の人形を用い、福建省南部などで流行しています。台湾の「布袋劇」がよく知られています。

谁都听得懂京剧台词吗？

日 我以前看过一次京剧。可是，虽然衣装美丽，音乐动人，但故事内容根本看不懂。中国人都能听懂京剧台词吗？

中 一般中国人也听不懂。而且也不太去看京剧。

日 那外国人更不懂了。

中 对，所以许多演出是有字幕的。

日 是吗。我先去带字幕的剧场看就好了。而且去看之前了解一下剧情会更好。

中 不光是情节，京剧里的角色与衣装也很有特色。知道一些比较好。

日 这么一说，我想起来了，演员脸上画的五颜六色的花纹有什么含义吗？

中 那叫"脸谱"，每种颜色代表一种性格。比如忠心耿耿的关羽是红脸，老奸巨滑的曹操是白脸，大大咧咧的张飞、铁面无私的包拯是黑脸，此外还有蓝和绿、金和银等颜色。

日 真有意思。下次去的话一定要留心看。你建议我看什么样的剧目？

中 我觉得可以先看打斗场面比较多的剧目。比如说《西游记》之类的。

中国人には京劇の台詞が分かるの？

日 前に一度京劇を見たことがあるんだ。でも、衣装や音楽はとてもきれいだったんだけど、話の内容が全然分からなくて。中国人はみんな京劇の台詞を聞いて理解できるの？

中 普通は中国人も分からないよ。それに、京劇を見る機会もそんなにないしね。

日 じゃあ、外国人はもっと分からないよね。

中 うん、だから字幕のある公演も多いね。

日 そうなんだ。まず字幕のある劇場に行けばよかったなあ。それに、見る前に少しストーリーを調べておいた方がいいね。

中 ストーリーだけじゃなくて、京劇には役柄や衣装にも特徴があるから、少し知っておくといいかもしれないね。

日 そういえば、あの役者さんの顔の派手な隈取りにも何か決まりがあるの？

中 あれは「臉譜」といって、色ごとに違う性格を表しているんだよ。例えば忠誠心の固い関羽は赤、狡猾な曹操は白、豪放な張飛や公正無私な包拯は黒。ほかに青、緑、金、銀もある。

日 面白い！　今度は気を付けて見てみるね。何の演目を見たらいいと思う？

中 最初はケンカの場面が多い演目がいいと思うよ。『西遊記』とかね。

㊶ 映画は時代によって大きく変わってるね。
电影内容随着时代而变化

中国电影的内容主题跟时代有很大的关系。

文革中战争片、思想宣传片比较多，谈情说爱会被认为"不健康"。所以80年代初外国影视作品进入大陆时，大家都感到新鲜。比如在日本鲜为人知的《追捕》红极一时，沉默寡言的高仓健被视为真正的男子汉。

那时还进来很多港台作品。虽然香港的粤语片需要配音或加字幕才能看懂，但成龙的功夫片、周润发的黑社会枪战片等都让人入了迷，一些大陆人去香港时，期待看到黑帮老大在街上谈生意。台湾的恋爱故事也很有魅力。由琼瑶小说改编的电视剧不知赚了多少眼泪。富有文学色彩的对白勾起了人们对传统的乡愁。

不久北京电影学院也培养出许多人材，特别是82年毕业的一批人被称为"第五代导演"。他们融入了传统的、民俗的元素拍出了《黄土地》(陈凯歌)、《红高粱》(张艺谋)等中国风电影，在国际影坛上接连获奖，让国内观众非常震惊。

80年代，在台湾的民主化进程中，台湾电影更关心历史巨变中个人的苦恼以及付出的牺牲。侯孝贤拍出了《悲情城市》，反映了本省人与外省人冲突中的一个家族的悲剧。在大陆，张艺谋拍的大型古装片，如《英雄》、冯小刚拍的反映日常生活的喜剧片，如在北海道拍的《非诚勿扰》等在商业上相继成功。香港也出现了王家卫的通过特殊寓意来探讨香港人生存状态的实验性电影，如《重庆森林》。

最近，以贾章柯为领军人物的"第六代导演"更关心中国社会转型过程中底层人物的生活状况，他们拍摄了许多低预算影片，如《长江哀歌》。他们的作品虽然在国际上多次获奖，但在国内上座率并不高。

思想宣传片　　　プロパガンダ映画
鲜为人知　　　　人に知られていない
黑帮老大　　　　マフィアのボス
勾起　　　　　　引き起こす、誘い出す
上座率　　　　　劇場や映画の入り具合、集客率

中国映画の内容やテーマは、時代と大きな関係があります。

文革中には戦争映画やプロパガンダ映画が多く、恋愛に軽く触れても「不健全だ」とされました。そのため、80年代の初めに外国映画が大陸に紹介された際には、誰もが新鮮に感じたのです。例えば、日本では知られていない『君よ憤怒の河を渉れ』は一世を風靡し、寡黙な高倉健は男の中の男の代名詞となりました。

当時、多くの香港・台湾の作品も入ってきました。香港の広東語映画は吹き替えか字幕がなければ分かりませんが、ジャッキー・チェンのカンフー映画や、チョウ・ユンファのマフィア映画は観客を魅了しました。一部の大陸の人は香港に行くと、マフィアのボスが街角で商売をしている場面に出会わないかと期待したものです。台湾の恋愛物語も魅力的でした。瓊瑤（チョン・ヤオ）の小説から作られたテレビドラマは、どれほどの人の涙を誘ったか計り知れません。文学色豊かなセリフは、人々の伝統への郷愁をかき立てました。

間もなく、北京電影学院も多くの人材を輩出し、特に1982年に卒業した一群の人々は「第五世代監督」と呼ばれます。彼らは伝統的・民俗的な要素を融合させて『黄色い大地』（チェン・カイコー監督）、『紅いコーリャン』（チャン・イーモウ監督）などの中国的な映画を撮影し、国際映画祭で相次いで受賞し、国内の観客も震撼させました。

80年代には、台湾の民主化が進む中、台湾映画の関心も、歴史の大きなうねりの中の個人の苦悩と犠牲に向けられました。ホウ・シャオシェン監督は『悲情城市』を撮影し、本省人と外省人の衝突にさらされる一家の悲劇を描きました。大陸では、チャン・イーモウ監督が撮った『HERO』のような大型の時代劇映画、フォン・シャオガン監督は北海道ロケを行った『狙った恋の落とし方。』など、日常生活を反映した喜劇映画は商業的に相次いで成功を収めました。香港でもウォン・カーウァイ監督の『恋する惑星』など、特殊な象徴的手法で香港人の置かれた状態を描く実験的な映画が登場しました。

最近では、ジャ・ジャンクー監督の率いる「第六世代監督」が、中国社会の変化の過程で底辺に生きる人々の生活に注目しています。彼らは『長江エレジー』など、多くの低予算映画を撮影しています。彼らの作品は国際的には受賞を重ねていますが、国内での集客率はよくありません。

学校里教功夫吗？

日 我喜欢看香港的功夫片，中国人都会功夫吗？

中 当然只有一小部分人会功夫。

日 在学校的体育课上教不教功夫？

中 也会教一点武术。你都知道些什么功夫？

日 我听说过少林功夫、太极拳什么的。

中 少林武功是嵩山少林寺传授的佛教的功夫。嵩山在河南省，被称为"中岳"。对了，在湖北省有一座武当山，那是道教名山。那里传授的是武当功夫。

日 武当山！ 我在《卧虎藏龙》里看到过。在日本也有不少人打太极拳，动作很慢的，那也是功夫吗？

中 当然是啊。虽然许多人打太极拳是为了健身，它本身是武术的一个流派。

日 这么说，武术和功夫不一样吗？

中 武术和功夫指的内容是一样的。正式的场合用"武术"这个词比较多，比如说"世界武术比赛"。而在广东附近，常用"功夫"这个词，所以香港的李小龙、成龙等人拍的武打片也叫"功夫片"。

日 有机会的话，我也想学一点儿武术！

学校でカンフーの授業はあるの？

日 僕は香港のカンフー映画が好きなんだけど、中国人はみんなカンフーができるの？

中 もちろん、カンフーができる人はほんの少しだよ。

日 学校の体育の授業では、カンフーは教えないの？

中 少し武術を教えるところもあるよ。どんなカンフーを知ってるの？

日 「少林カンフー」や、太極拳は聞いたことあるよ。

中 「少林カンフー」は嵩山にある「少林寺」で伝えらえてきた仏教のカンフーだよ。嵩山は河南省にあって、「中岳」と呼ばれるんだ。そうだ、湖北省には武当山があって、道教の名山なんだよ。そこで伝えられてきたのが「武当カンフー」なんだ。

日 武当山！『グリーン・デスティニー』で見たことあるよ。太極拳は日本でもやっていて、とてもゆっくりした動きだけど、あれもカンフーなの？

中 そうだよ。一般的には健康法として習っている人が多いけど、もともとは武術として継承されている流派なんだ。

日 じゃあ、「武術」とカンフーとは違うの？

中 「武術」とカンフーは内容的には同じだよ。正式な場合は「武術」の語を使うことが多いね。「世界武術大会」みたいに。でも広東あたりでは、よく「カンフー」という語を使う。だから香港のブルース・リーやジャッキー・チェンたちが撮ったアクション映画は「カンフー映画」というんだ。

日 チャンスがあれば、私も武術を習いたいな！

42 科学技術のレベルは？
科学技术水平如何？

中国在传统上重视背经典，而不太重视科学教育。虽然有过"造纸术、指南针、火药、雕版印刷"等发明，但是"四大发明"这个名称是西方人先提出来的。到了近代，中国才开始在科技上追赶西方。

中华人民共和国建国后，出于国防上的需要研制了"两弹一星"，就是核弹（包括原子弹、氢弹）、导弹和人造卫星。当时许多科学家从海外归国，秘密地参与了这些军事性研究。

日后这些研究被和平利用，成功地发射了"神舟"号飞船，其中神舟5、6、7、9、10号为载人飞行。另外还建立了载人空间站，名为"天宫"。在海洋勘探方面，研制了名为"蛟龙"的载人潜水器。

2012年6月24日，"蛟龙"号潜水器潜至7020米海底，创造了同类载人潜水器的世界记录。就在同一天中午，在遥远的宇宙空间，神舟九号与天宫一号实现了刚性连接。而且三名宇航员里有一名是女性，她叫刘洋。

另外，建国后，中国一直面临粮食不足的困难。70年代科学家袁隆平成功地实现了水稻杂交，提高了产量。为解决中国人吃饭问题做出了贡献。

在克隆技术方面，中国也具有优势，1963年胚胎学家童第周首次成功地克隆出雌性鲤鱼。而日本的山中伸弥教授研制出iPS细胞后不久，中国的科学家用iPS细胞培育出了名叫"小小"的克隆鼠。

2015年女科学家屠呦呦与另两位科学家一同获得了诺贝尔生理学或医学奖。她的功绩是在70年从古代中药配方中获得灵感，从青蒿中成功地提取出抗疟疾的青蒿素。这是在中国大陆工作的科学家第一次获得诺贝尔奖。

刚性连接	ドッキング
克隆	クローン
青蒿	カワラニンジン
疟疾	マラリア
青蒿素	アーテミシニン（カワラニンジンから抽出した薬剤）

中国では伝統的に経典を暗記することが重んじられ、自然科学の教育は重視されてきませんでした。「造紙技術・羅針盤・火薬・木版印刷」などの発明はありますが、「四大発明」という名称は西洋人が生み出したものです。近代になって、中国はようやく科学技術の面で西洋に追いつき始めました。

　中華人民共和国の建国後、国防上の必要から「両弾一星」、つまり核爆弾（原子爆弾・水素爆弾）、導弾ミサイル、人工衛星が開発されました。当時、多くの科学者が海外から帰国し、秘密裡にこれらの軍事的研究に参加しました。

　その後、こういった研究は平和的に利用され、宇宙船「神舟」の打ち上げに成功し、中でも「神舟」5・6・7・9・10号は有人飛行を行いました。そのほかに有人宇宙ステーション「天宮」も建設しています。海洋探査の分野では、「蛟龍」と名付けられた有人潜水艇を開発しました。

　2012年6月24日、潜水艇「蛟龍」号は7,020メートルの海底に到達し、同種の有人潜水艇の世界記録を打ち立てました。同じ日の正午、はるかな宇宙空間では、「神舟九号」が「天宮一号」とのドッキングに成功しました。3名の宇宙飛行士のうちの1名は劉洋さんという女性でした。

　また、建国後、中国は常に食糧不足という困難に直面していました。70年代の科学者である袁隆平氏は、水稲の交雑に成功して生産量を引き上げ、中国人の食の問題の解決に貢献しました。

　クローン技術の分野では、中国も優位を占めており、1963年に発生学の研究者である童第周氏が初めてメスの鯉のクローン化に成功しました。さらに、日本の山中伸弥教授がiPS細胞を開発した後、間もなく中国の科学者はiPS細胞を使って「小小」という名のクローンネズミを生み出しました。

　2015年には、女性科学者の屠呦呦氏が2名の科学者とともにノーベル生理学・医学賞を受賞しました。彼女の功績は、1970年に伝統的中医薬の処方からヒントを得て、ヨモギ科の植物からマラリアに有効な「アーテミシニン」の抽出に成功したことです。これは、中国国内で活動する科学者が初めて受賞したノーベル賞です。

中国也在开发人工智能？

日 最近在日本，各种人工智能成了热门话题，在中国也是吗？有没有像谷歌的阿尔法围棋 (Alpha Go) 那样的围棋程序？

中 听说中国也在开发，有一种叫"异构神机"的人工智能围棋程序近期会跟专业棋手对弈呢。

日 哇！好期待啊。以后说不定还会出现人工智能之间的对弈呢。

中 可能吧。而且听说最近有个国家科研项目在开发高考机器人。

日 那是什么东西？

中 就是为了证明人工智能的实力，让它取得能进入一流大学的分数。人工智能开发涉及所有领域，所以中国政府也相当重视。

日 在日本一些人工智能可以在 Twitter、LINE 上与人对话。中国也有类似的程序吗？

中 在中国有个"小冰"很受欢迎，能在微信上与人对话。它还在电视节目上与主持人简单地对话，对天气预报做出评论呢。

日 真的？ 说不定比日本的更厉害。像 Pepper 那样的人形机器人也在开发吗？

中 对，据说正在开发一种叫 iPal 的机器人。它具有跟孩子聊天、拍摄成长记录、辅导功课等各种功能。

中国でもAIの開発が進んでる？

日 最近、日本ではいろいろなAI（人工知能）の開発が話題になっているけど、中国でもそうなの？ GoogleのAlpha Goみたいな囲碁プログラムもある？

中 うん、中国でも開発されていて、「異構神機」という人工知能囲碁プログラムが、近々プロ棋士と対戦予定だそうだよ。

日 うわあ！ 楽しみだなあ。もしかするとAI同士の対局だって実現するかもしれないね。

中 そうだね。それから最近では、中国の大学入試に合格させるAIを開発するための国家プロジェクトも進んでいるんだよ。

日 それは何なの？

中 AIの性能を証明するために、中国の一流大学に入れる水準の点数を取ることを目指しているんだって。AIの開発はあらゆる分野に関係するからね。中国政府も本腰を入れているんだよ。

日 日本では、ツイッターやLINEで会話できるAIがあるよ。中国でもこういうプログラムはあるの？

中 中国では「小氷」が人気で、微信で会話できるよ。テレビ番組で司会者と簡単な会話をしたり、天気予報にコメントしたりもしているよ。

日 へえ、日本より進んでいるかもしれないね。Pepperみたいな人型ロボットも開発されているの？

中 うん、iPalというロボットを開発しているそうだね。子どものためにおしゃべりしたり、ビデオで成長記録を取ったり、学習支援をしたり、いろいろな機能があるんだ。

43 それぞれの木や花に抱くイメージは違う？
各种花木象征着什么？

中国人看到各种花木时会联想起什么？

严冬之际，松树仍然郁郁葱葱，给人以长寿的印象。所以为长者祝寿时常说"松鹤延年"、"寿比南山不老松"。不过在陵园里，松柏也比较常见。竹子给人一种坚韧不拔而且高洁的感觉。另外，一到早春，腊梅就开花了。松、竹、梅被称为"岁寒三友"。

中国春节期间，如果水仙花开花，有吉祥的含义。那时在南方，许多家要摆放金橘，因为"橘"与"吉"谐音。

春风吹来，桃花盛开，因为有"人面桃花相映红"的诗句，看桃花有些赏樱花的味道。桃子也象征着长寿。在《西游记》里，有孙悟空偷吃蟠桃得以长生不老的故事。所以为老人祝寿时要准备寿桃，就是做成桃子形状的糕点。另外，在教师退休时常夸他"桃李满天下"。桃李象征着他辛勤培育出的人材。

到了夏季，特别是在杭州的西湖，一片片荷叶衬托着荷花。荷花也叫莲花，是长在湖底泥中的，有人说它"出淤泥而不染"，这象征一个人处在不良的环境中依然保持着高洁的人生姿态。

在秋高气爽的季节，各地的公园里会举办菊花展。菊花千姿百态，争奇斗妍。天气逐渐变冷，在菊花的花瓣上会落霜，给人一种桀骜不驯的感觉，到了冬季还能闻到菊花的香味，那就会想起一句诗："菊花如志士，过时有余香"。

另外还有代表相思的南国红豆、结婚典礼上预祝新婚夫妇百年好合的百合花、结着淡淡哀愁的丁香花、在风中荡来荡去依依不舍的杨柳，花木中的寓意是很深的。

郁郁葱葱	草木が青々と茂る
坚韧不拔	忍耐強い
争奇斗妍	艶やかさを競う
桀骜不驯	意志が強く手なずけにくい
依依不舍	別れを惜しむ

中国人は、さまざまな花と植物を見るとどんなイメージを抱くのでしょうか？

　厳冬の季節にも、松の木は青々と茂り、見る人に長寿のイメージを与えます。そのため、年長者の誕生祝いには、よく「松や鶴のように長生きしますように」、「南山の不老の松のように長寿でありますように」といいます。ただし、墓地ではコノテガシワがよく見られます。竹は忍耐強く高潔な感じを与えます。このほか、早春には蝋梅が花開き、松・竹・梅は「厳寒三友」といわれています。

　中国の春節の期間に、水仙が咲くと縁起が良いとされます。南方では多くの家庭で、「金橘」（キンカン）を並べます。「橘」と「吉」が同音だからです。

　春風が吹くと、桃の花が満開になります。そのため「人面桃花相映じて紅なり」の詩句があり、桃の花を眺めるのは桜のお花見のような味わいがあります。桃は長寿を象徴します。『西遊記』では、孫悟空が蟠桃（平たい形の桃）を食べて長寿を得るという一節があります。そのため、老人の誕生祝いには「寿桃」という桃の形をした菓子を用意します。さらに、教師が退職する時には、よく「桃李天下に満つ」といって褒め称えます。桃と李は、苦心して育てた人材を表しています。

　夏になると、特に杭州の西湖ではハスの葉が一斉に花をつけます。「荷花」（ハス）は「蓮花」ともいい、湖底の泥の中で育つので、「泥から出でて染まらず」ともいわれ、人が望ましくない環境の中でも高潔さを保つ姿を象徴しています。

　秋の爽やかな季節になると、各地の公園では菊の展覧会が開かれます。菊はさまざまな姿で艶やかさを競います。次第に冷え込んでくると、菊の花びらには露が宿り、意志が強く手なずけにくいイメージを与えます。冬になっても菊の香りがすると、「菊花は志士の如し、時過ぐるも余香あり」という詩句を思うのです。

　このほか、相思相愛を代表する南国の唐アズキ、結婚式で新婚夫婦が百年寄り添うことを願う百合、ほのかな哀愁を漂わせるリラ、風の中で別れを惜しむように寄り添うヤナギなどがあり、花と植物には深い意味が託されています。

吉祥动物有哪些？

日 在日本说乌鸦不吉利，中国也是吗？

中 一样的。比如说有的人一说到什么坏事，那件坏事就发生了，这种人会被叫做"乌鸦嘴"。

日 乌鸦全身黑乎乎的，的确看上去怪不舒服的。

中 不过，蝙蝠也是黑的，但是因为名字里的"蝠"跟幸福的"福"谐音，就被视为吉利的象征，被画在民俗画里。

日 真不公平！除了蝙蝠以外，还有什么动物是吉利的？

中 喜鹊。中国人说到"枝上喜鹊喳喳叫"，就意味着好事上门了。另外，看到孔雀开屏也是个好兆头。

日 除了鸟以外呢？

中 金鱼跟"金余"谐音，据说能招财进宝，所以很多人养金鱼。说起鱼，你知道"年年有余"的画吗？

日 什么样的画？

中 一般是画一个白白胖胖的男孩儿，怀里抱着一条活蹦乱跳的鱼。这种画往往在春节时贴在墙上，叫做"年画"。刚才讲过"鱼"跟"余"谐音，到了年底，把这幅画贴出来就象征着剩下很多钱。所以叫"年年有余"。

日 那我太需要这样的画了。

縁起のいい動物って何？

日 日本ではカラスは縁起が悪いといわれてるけど、中国でも？

中 そうだよ。例えば、誰かが何か悪いことが起こるといって、本当に起こったら、その人は「カラスの嘴」っていわれるんだよ。

日 カラスは全身真っ黒だから、確かにちょっと不気味だよね。

中 でも、コウモリ（蝙蝠）も真っ黒だけど、名前の中の「蝠」の字を幸福の「福」の字とかけて縁起がいいといわれて、民間絵画に描かれたりするんだよ。

日 不公平ね！　コウモリ以外の動物では、何が縁起がいいの？

中 カササギだね。中国人が「木の枝でカササギが囀いている」と言うと、何かいいことがあったということ。それから、孔雀が羽を開くのも吉兆だね。

日 鳥以外では？

中 中国語では金魚と「金余」は音が同じだから、豊かになるといわれるね。だから多くの人が金魚を飼うんだ。魚といえば、「年年有余」の絵は知ってる？

日 どんなの？

中 色白で丸々と太った男の子が、ぴちぴちした魚を懐に抱いているんだ。こういう絵は、よく春節のときに壁に貼って「年画」というんだ。さっき言った「魚」と「余」の音が同じで、年末になるとこの絵を貼るのは、たくさんお金が余ることを表しているんだよ。だから「年年有余」というんだよ。

日 それなら私には、この絵が必要だわ。

キーワード④

蒹葭苍苍，白露为霜，
所谓伊人，在水一方。
蒹葭蒼蒼たり、白露霜と為り、所謂伊（こ）の人、水の一方に在り

（大意）葦が青々と茂り、白い霧が霜になった。評判のあの人は、川の向こうに住んでいる。

（『詩経』「国風」秦風）

绿草苍苍，白雾茫茫，
有位佳人，在水一方。

（大意）草が青々と茂り、白い霧が立ち込める。川の向こうには、美しい人がいる。

（台湾ドラマ「在水一方」の主題歌の歌詞）

沅有茝兮醴有兰，
思君子兮未敢言。
沅に茝あり醴に蘭あり、君子を思えども未だ敢えて言わず

（大意）沅水には茝（古代の草の名）が青々と茂り、醴水には蘭の花が香り高く咲いているが、思い焦がれるあの方には、心のうちを打ち明けることができない。

（『楚辞』九歌）

我住长江头，君住长江尾。
日日思君不见君，共饮长江水。
我は長江の頭に住み、君は長江の尾に住む。
日日君を思うも君に見（まみ）えず、共に長江の水を飲む

（大意）私は長江の上流に住み、あなたは長江の下流に住んでいる。毎日あなたのことを思っているが、会うことはできない。共に長江の水を飲んでいるというのに。

（「卜算子　我住長江頭」李之儀）

枯藤老树昏鸦，小桥流水人家，
古道西风瘦马。夕阳西下，断肠人在天涯。
枯藤の老樹に昏の鴉、小橋に流水　人家あり、
古道に西風　痩馬あり、夕陽　西に下れば、断腸たり　人は天涯に在り

（大意）枯れた藤の老樹に夕暮れのカラスが止まっている。小さな橋の下に川が流れ、近くには民家が見える。古い道に西風が吹き、痩せた馬がとぼとぼ歩いている。夕陽が西に沈み、私の想う人は遠く地の果てにあり、胸は張り裂けそうだ。

（「天浄沙　秋思」馬致遠）

撑着油纸伞，独自
彷徨在悠长、悠长又寂寥的雨巷

（大意）番傘をさして　ひとりで　長い長い　うらぶれた雨の街角をさまよう

（「雨巷」（雨の街角）戴望舒）

キーワード④

黒夜给了我黑色的眼睛，我却用它寻找光明。
（大意）暗い夜は私に暗いまなざしを与えた　けれど私はそれで輝かしい希望を追い求める

（「一代人」顧城）

その他

第5章

其他

44 宗教を信じますか？
中国人信仰宗教吗？

　　当代中国人多数是无神论者，即使在传统中国，宗教感情也是比较弱的。

　　说到中国传统的信仰，一般会提"儒、释、道"，就是儒学、佛教、道教，那就让我们按这个顺序看看吧。

　　儒学是一个士大夫必备的知识，是科举考试中必考的内容，所以地位很高。儒学的大部分内容都是谈道德的，很少提到神。所以中国人说这是"儒学"，提倡儒学思想的人是"儒家"，不将它视为宗教。但是一些外国学者把它叫做"儒教"。他们指出，儒教让人拜祖先，皇帝要拜天地，还建了祭孔子的孔庙，所以也算一种宗教。不管怎么说，在儒学或儒教中，宗教气息并不浓。

　　佛教是在南北朝时代传入中国的，虽然"缘分"、"报应"等佛教观念深深地影响了中国人的观念和行为，但佛教在中国的地位是不能与日本相比的。日本曾在江户时代规定每个家庭要属于某个佛教宗派。但中国的士大夫读书人一直排斥佛教，批评佛教引导人不从事生产。

　　中国本土的宗教是道教。先秦的老子、庄子等思想被称为"道家"，后来或许是受佛教的刺激，才产生出作为宗教的"道教"。道教要拜一些神，比如说玉皇大帝、关公、妈祖等。不过道教也被儒家看不起，没有日本的神道那样的地位。

　　在新中国，各种宗教都受到打击，特别是在文革中，祖先也不能拜了，佛教的寺庙、道教的观等很多被拆毁。文革结束后，宗教才得到恢复。但由于历史上曾出现过黄巾军、白莲教之类的宗教引起的动乱，所以政府对宗教问题一直比较关注，比如"法轮功"等新宗教被定为邪教，在国内不能活动。

缘分	縁、ゆかり
报应	因果応報
玉皇大帝	道教の最高神
看不起	見下す、ばかにする
白莲教	白蓮教。南宋から清代まで存在した宗教。清代の1796年、白蓮教の信徒による反乱が起こった（白蓮教の乱）

現代の中国人の多くは無神論者ですが、伝統的な中国においても、宗教的な感情は希薄でした。

中国の伝統的な信仰といえば、普通は「儒・仏・道」つまり儒学・仏教・道教が取り上げられます。では、順に見ていくことにしましょう。

儒学は士大夫に必須の知識で、科挙で必ずテストされる内容であったため、高い地位にあります。儒学の大部分の内容は道徳を論じるもので、めったに神に触れることはありません。そのため、中国人はこれを「儒学」といい、儒学思想を提唱する人を「儒家」と呼び、宗教とは考えていません。ただし、一部の外国の学者はそれを「儒教」と呼んでいます。彼らによれば、儒教は人々が祖先を崇拝するよう導き、皇帝は天地を祀り、さらに孔子を祀る孔子廟を建てたので、一種の宗教だというのです。どちらにせよ、儒学または儒教の中には、宗教的な雰囲気は希薄です。

仏教は南北朝時代に中国に伝えられました。縁、因果応報などの仏教的観念は、中国人の考え方と行動に深い影響を与えていますが、仏教の中国での地位は日本と比べものになりません。日本ではかつて江戸時代に、各家庭が何らかの仏教の宗派に属するよう定めましたが、中国の士大夫や読書人は一貫して仏教を排斥し、仏教が人々を生産的なことに従事させないように導いたと批判しました。

中国の土着の宗教は道教です。先秦時代の老子・荘子などの思想は「道家」と呼ばれ、後に仏教の刺激を受けたとも考えられ、宗教としての「道教」が生まれました。道教では神を崇拝しています。例えば、玉皇大帝、関公、媽祖などです。ただし、道教も儒家から見下されており、日本の神道のような地位はありません。

新中国では、各種の宗教はいずれも衰退し、特に文革中には、祖先を拝むこともできず、仏教や道教の寺院などの多くは破壊されました。文革が終結して、宗教はようやく復興します。ただし、歴史上かつて黄巾軍や白蓮教などの宗教が引き起こした動乱があったため、政府は常に宗教問題に敏感です。例えば「法輪功」などの新興宗教は邪教とされ、国内では活動を許されていません。

道教是怎样的宗教？

日 日本人去逝后，要请和尚念经，在寺庙里买墓地，为逝者改名等，中国有没有这种习惯？

中 在中国的城市里基本上没有这种习惯。

日 中国的和尚可以喝酒吃肉，可以结婚吗？

中 他们不能喝酒吃肉，要吃素食，而且不能结婚。如果想娶亲，就得还俗。

日 我对道教比较陌生，能不能具体地介绍一下啊。

中 道教的神职人员叫"道士"，很多道士会运气，希望自己长生不老。他们修炼的地方一般叫"观"。比如说，北京有著名的"白云观"。另外，一些"庙"也是道教建筑，在里面祭祀着一些民间信仰的神，有些是从人变成神的。

日 比如说有什么庙啊？

中 在一些城市里有城隍庙，这里祭祀着保佑城市的神。对了，我听说在横滨有关帝庙和妈祖庙。关帝庙里祭祀的是三国演义中的关羽。妈祖庙里祭祀的是保护海上船只的女神，她原来是一个叫林默娘的女孩子。

日 这么一说，我想起来了。我听说过孔庙。那也是道教的庙吗？

中 那是祭祀孔子的，跟儒家文化有关，不是道教的庙。

日 在东京、神户、长崎都有孔庙，东京的叫汤岛圣堂。那基督教和伊斯兰教的宗教建筑叫什么呢？

中 基督教的叫教堂，而伊斯兰教的叫清真寺。

道教ってよく分からないんだけど？

日 日本人は亡くなった後、お坊さんにお経をあげてもらったり、お寺に墓地を買ったり、戒名をつけたりするんだけど、中国ではこういう習慣はないの？

中 中国の都市部では、基本的にそういう習慣はないね。

日 中国のお坊さんはお酒を飲んだり肉を食べたり、結婚したりしていいの？

中 飲酒も肉食もだめで、精進料理を食べなくちゃ。しかも結婚もだめ。家族を持つなら還俗するんだよ。

日 道教のことがよく分からなくて、ちょっと詳しく教えてもらえる？

中 道教の「僧侶」は「道士」といって、体内に気を巡らせることができる道士がたくさんいて、不老長生を願っているんだよ。修行する場所は普通「観」といわれる。例えば、北京には有名な「白雲観」があるね。それから、一部の「廟」も道教の宗教施設で、中には民間信仰の神様が祀られていて、人間から神様に変わったのもある。

日 例えば、どんな廟があるの？

中 一部の町に「城隍廟」があって、その町の守り神が祀られている。そうだ、横浜には関帝廟と媽祖廟があるそうだね。関帝廟には『三国志演義』の中の関羽が祀られている。媽祖廟には海の船を守る女神が祀られていて、媽祖はもともと林黙娘という少女だったといわれているよ。

日 そういえば、孔子廟って聞いたことがある。これも道教の廟なの？

中 それは孔子を祀った物で、儒教文化と関係があって道教の廟とは違う。

日 東京や神戸、長崎には孔子廟があって、東京にあるのは湯島聖堂というね。キリスト教やイスラム教の宗教施設は何ていうの？

中 キリスト教は「教堂」、イスラム教は「清真寺」っていうんだよ。

45 世界をどう見ている？
如何理解世界的？

　　中国人在生活中喜欢"对"。

　　"对"这个字里有对称与对立两种含义，需要分开来讲。先说对称。如果你去中国旅游过，一定在庙宇、亭子的柱子上看到过对联。比如说，杭州的灵隐寺的弥勒佛像前写着"大肚能容容天下难容之事，开口一笑笑世上可笑之人"，上联跟下联是形成对比的。

　　仔细看的话，许多地方的花瓶是成双成对的。餐桌上的盘子碟子也正圆的，或椭圆的，左右不对称的比较少。馈赠礼物或送红包时，日本人大概觉得数量里带"三"比较好，中国人尽量凑成偶数。

　　"对"的另一个含义是对立。比如说在一个公司里工作，大家属于一个整体，需要合作。但是你的工资多了，公司的利益就少了，其中包含着对立。这种对立被称作"矛盾"。矛是刺向盾的武器，而盾是用来抵挡矛的。

　　中国传统上用"阴阳太极"的比喻来体现上述想法。大家也许见过这张图☯，黑色部分代表阴，白色部分代表阳，阴阳合在一起才是太极。反过来说，太极中一定有阴阳。

　　这个想法还体现在八卦算命的方法上，比如说☰、☷。连着的线代表"阳"，中间断裂的线代表"阴"，三根阳线组合起来就是乾，代表天、父亲等。三根阴线组合起来就是坤，代表地、母亲等。六根线组合起来，就可以预测你想了解的事。

　　阴阳、八卦的想法深深地影响了传统的儒家与道教，再加上，在中国的高中大学要学的马克思主义辩证法的想法也与之有点相似，所以我们可以认为，中国人想问题时，会较多地使用"对"这种思维方式。

庙宇	寺の建物
亭子	あずまや
馈赠	贈り物をする
八卦	八卦（はっけ）。陰陽を表す記号の組み合わせによって、自然界から社会・人間界までのあらゆる現象を占う
马克思主义辩证法	マルクス主義弁証法

中国人は、生活の中で「対」を好みます。

　「対」という字の中には、対称と対立という２つの意味があり、分けて説明する必要があります。まず、「対称」について見てみましょう。もし中国に旅行に行ったことがあれば、寺院やあずまやの柱に書かれた「対聯」（対句を紙や布に書いたり、柱に刻んだりした物）を見たことがあるでしょう。例えば、杭州の霊隠寺の弥勒菩薩の前には、「大肚能く容れれば天下の容れ難き事をも容れ、開口一笑すれば世上の笑うべき人をも笑う」と書かれています。上の句と下の句が対になっています。

　よく見れば、あちこちにある花瓶も左右対称です。食卓の大皿や小皿も正円あるいは楕円形で、左右が対称でない物はあまり見かけません。贈り物やご祝儀を渡すときも、日本人は数字に「三」が入るのが好ましいと考えますが、中国人はできるだけ偶数にします。

　「対」のもう１つの意味は「対立」です。例えば会社で仕事をしていれば、全員が１つの集団に属し、協力する必要があります。ただし、給料が高くなると会社の利益が減り、そこには対立が含まれます。この対立は「矛盾」といわれます。「矛」は盾に向けて攻撃する武器、「盾」は矛から防御するものです。

　中国の伝統では、上のような考え方を「陰陽太極」の比喩を使って説明します。皆さんはこの図☯を見たことがあるでしょう。黒い部分は「陰」を、白い部分は「陽」を表し、陰陽が一緒になると「太極」になります。逆に言うと、「太極」の中には必ず陰陽があるのです。

　この考え方は、「八卦」の占いの方法にも現れています。例えば、☰、☷。つながった線は「陽」を表し、真ん中が切れた線は「陰」を表し、三本の「陽」の線を組み合わせると「乾」（☰）となり、天や父親などを表します。三本の「陰」の線を組み合わせると「坤」（☷）となり、地や母親などを表します。六本の線を組み合わせると、自分の知りたいことを占うことができます。

　陰陽や八卦のような考え方は、伝統的な儒家と道教に深く影響しました。さらに、中国の高校や大学で学ぶマルクス主義の弁証法とも似た点があります。このように、中国人は物事を考えるとき、「対」のような思考方法を用いることが多いといえます。

中国人还在意风水吗？

日 有人说在江户时代，东京（当时叫"江户"）是根据风水的想法建的。听说北京也一样。真的是吗？

中 是啊。你去过故宫北边的景山公园吗？

日 去过，去过。

中 据我所知，是因为城北有山，风水才好，所以堆出了那座山。

日 是吗，真有意思。

中 还有南边最好是开阔的平地，所以那里现在也是天安门广场。而且天坛、地坛的位置也是有讲究的。

日 天坛、地坛在日本也很有名，说那里是风水宝地。

中 那我就不太懂了。应该跟龙脉什么的有关吧。

日 我们越说越玄乎了。

中 故宫朝南倒是挺容易说明的。这是为了背对着冬季的北风，面向着南方的太阳和夏季凉爽的南风吧。

日 有道理。那现代人还在意风水吗？

中 哈哈。怎么可能呢。当然有人喜欢，可大多数人觉得那是迷信。懂风水的人也不多，还是日本人更了解吧。

日 我感觉香港人里挺多喜欢风水的。

中 应该是的。香港的文化有点儿特殊。

風水はどのくらい気にしてる？

日 江戸時代の東京は、風水に基づいて作られたという説があるの。北京もだって聞いたことあるけど、ホント？

中 そうだよ。故宮の北にある景山公園に行ったことある？

日 ある、ある。

中 城の真北に山があると風水がいいとされて、山を作ったんだって。

日 へぇ、面白いね。

中 南に開けた場所があると風水がいいとされていて、今でも天安門広場があるよね。天壇や地壇の位置も意味があるんだよ。

日 天壇や地壇は、パワースポットとして日本人にも有名だよ。

中 それはよく分からないんだけど。龍脈（大地の気の流れ）というのも考えられてるんだって。

日 ちょっと話が難しくなってきたかも。

中 故宮が南向きなのは、分かりやすいよ。冬の北風は背中で受けて、南にある太陽や、夏の涼しい南風を受けられるようにという理由みたい。

日 なるほどね。ところで、今の人も風水を気にしてるの？

中 ハハハハハハ。そんなわけないよ。好きな人もいるだろうけど、迷信だと思ってる人がほとんどじゃないかな。詳しい人も少ないし、日本人の方が詳しいんじゃない？

日 香港では好きな人が多いような気がするけど。

中 そうだね。香港はちょっと文化が違うからね。

46 「礼」って日本より複雑なの？
看"礼"比日本复杂？

在中国传统文化中，"礼"的含义是相当广泛的。从日常生活到社会生活中的许多规矩被归纳起来称为"礼"。

"礼"之所以受到重视，是因为古代人觉得它很有用处。大家都遵从"礼"的话，就能维持长幼、男女、君臣之间的上下关系，家庭、宗族、社会就比较稳定。中国说自己是"礼仪之邦"，不懂这些礼仪的地区就被视为野蛮。

对于"礼"，当然也存在反对的看法。

有人认为形式上的礼与内心情感会产生矛盾。比如说，老子就提出了一个看法。如果过分提倡礼的话，社会上反而会出现许多虚伪的人。中国人现在也觉得有口无心地说"对不起"、"谢谢"是不真诚的，还不如不说。

有人认为礼与法律会产生矛盾。《论语》中有个故事说，父亲偷了别人的东西，孩子去举报。孔子觉得孩子的作法不对，因为如果孩子连父亲都不爱了，那社会的秩序就很难维持了。但是从法律的观点来看，这种想法是有问题的。

有人认为礼与平等会产生矛盾。中国在推翻了皇帝制度后，出现过一场新文化运动，其中最著名的人物就是鲁迅、胡适。他们认为长幼、男女、上下级之间都应该是平等的，而礼（他们称之为"礼教"）是压抑人性的，所以他们提出了"礼教吃人"的激烈的口号。

受到这些想法的影响，比如说中国人看到日本人深深地鞠躬时，感觉是复杂的。一方面会觉得不平等，行礼的人是在压抑自己，同时也会夸日本人有礼貌、素质高。"礼"成了日本人、中国人互相衡量对方的一个重要的标准。

虚伪	偽りである、誠意がない
鞠躬	お辞儀する
衡量	評価する、比較する

中国の伝統文化では、「礼」に含まれる意味はかなり広いのです。日常生活から社会生活までの多くのルールは、「礼」とまとめて称されます。
　「礼」が重視されるのは、昔の人はそれが非常に有用だと考えたからです。誰もが「礼」を大切にすれば、長幼、男女、君臣の間の上下関係を維持でき、家族・宗族・社会は安定します。中国では自らを「礼儀之邦」と称し、このような礼儀を解しない地域は野蛮であると見なしました。
　「礼」については、当然ながら逆の見方もあります。
　形式上の「礼」と内面的な感情は対立すると考える人もいます。例えば、老子が示した見方によれば、もし「礼」を過度に重視すれば、社会には逆に偽善的な人が多く生まれます。中国人は現在も、口先だけで「すみません」「ありがとう」と言うのは誠意がなく、いっそ言わない方がいいと考えるのです。
　「礼」は法律と対立すると考える人もいます。『論語』の中の一節によれば、ある父親が他人の物を盗んだとき、子どもは告発しました。孔子は、子どもの取った方法は正しくないと考えました。なぜなら、もしも子どもが父親さえ大切にしなかったら、社会の秩序はとても維持できないからです。しかし、法律的観点から見れば、こういった考え方には問題があります。
　「礼」は平等と対立すると考える人もいます。中国では皇帝制度が倒された後、新文化運動が起こり、その中で最も有名なのが魯迅や胡適です。彼らの考えによれば、年長者と年少者、男と女、上司と部下はすべて平等であるべきで、「礼」（彼らは「礼教」と呼びました）は人間の本質を抑圧するものです。そのため、魯迅らは「礼教が人を食う」という激しいスローガンを掲げました。
　このような考え方の影響を受けて、例えば日本人が深々とお辞儀をするのを見ると、中国人は複雑な思いを抱きます。それは不平等なことで、お辞儀をしている人は自分を抑えつけていると感じながら、「日本人は礼儀正しい、教養がある」などと褒めることもあります。「礼」は日本人と中国人が相手を評価する際の重要な基準となっています。

说"没事儿！"就真的可以放心吗？

日 日本人见到长辈、客户时，会不自觉地鞠躬。中国人好像不这样吧。

中 像日本人这样弯腰鞠躬的习惯现在很少见到了。初次见面或好久不见的人之间一般是握握手。

日 还有，前些日子跟中国人聊天时，她对我说："日本人听人说话时太喜欢点头。"你也这么觉得吗？

中 怎么说呢。中国人也有常点头的，不过的确没有这么频繁。当然听人说话时，会做出些反应的。

日 常常我们因为某些事道歉时，中国人会说"没关系"、"没事儿"。这是真心话吗？ 真的没生气？

中 我觉得一般来说真的是"没有关系"，不过也要看情况。日本说"大丈夫"的时候也一样吧。

日 这倒也是。听话听音嘛，当然要看当时的气氛和对方的表情。

中 中国人初到日本时，也会在沟通方式上感到很困惑，每个人都不同，还是因人而异随机应变比较好吧。

「没事！」って言われれば、ホントに安心していいの？

日 日本人は、目上の人や仕事の相手になんとなくお辞儀をしちゃうんだけど、中国人はしないみたいだね。

中 日本人みたいに体を「く」の字に曲げるお辞儀をする習慣は、今は珍しくなった。初対面の相手や、久しぶりに会う相手には、普通握手するよ。

日 あと、この間、中国の友達と話していたら、「日本人は話の途中で頷き過ぎる」って言われたんだけど、やっぱりそう思う？

中 うーん、中国人でもよく頷く人はいるけど、確かに頻繁にはしないかな。相づちはうつけどね。

日 よく、こちらが何かの理由で謝ったときに「没关系」とか「没事儿」って言われるんだけど、本当にそうなの？ 怒ってないの？

中 普通は本当に「かまいませんよ」という意味だと思うけど、場合によると思うよ。日本人の「大丈夫です」もそうだよね。

日 そうだね、言葉だけじゃなくて、その時の雰囲気や表情を見ないと分からないし。

中 中国人も日本に来たときには、コミュニケーションの仕方に戸惑うことがあるけど、人によっても違うし、相手に合わせて臨機応変にやればいいんじゃないかな。

47 「施」と「報」に基づいて行動してるって？
行动时想着"施"与"报"？

在中国人的思想里，"报"是一个很重要的概念。

这种想法源于"善有善报，恶有恶报"的因果观念。如果一个坏人遇到了坏的结果，中国人会说"这是报应"。而一个人多做好事的话，就是在"积德"、"修"，他应得的"好报"也许在现世出现，也许要等到下辈子，或者是发生在子孙身上。所以遇到意外的好事，不可思议的缘分时，就解释为"前世修来的"。这种世界观会有助于人们努力去做好事，做好人。在宗教的影响不太大的中国，这种世界观构成了中国人道德观的基础之一。

"报"不仅发生在命运与人之间，人与人之间也有"报"，当然得到"报"之前，先要"施"，就是给别人。"施"与"报"是中国人考虑人际交往时的一个重要的思维模式。

比如说亲子关系吧。父母不仅要供孩子上学，还要为孩子结婚准备房子与车，还要带孙子。而孩子就要尽孝，要报答这一切。结果年轻人婚后也常回父母家吃饭，联系得非常亲密，这在大陆与台湾都一样。

在亲戚交往中，"施"与"报"的关系也很重要。比如说，结婚时送的红包、旅游回来后送的礼物等都相对比较贵重。

中国人说"在家靠父母，出门靠朋友"，就是提醒人们重视与朋友之间的往来，要大方。最基本的就是朋友一起吃饭，不要搞AA制，要抢着付钱。对别人好，客观上会有利于自己。

这种"施"与"报"的模式有自私的一面，同时它促使人们乐于助人，待人热情，甚至牺牲自己。它深深地融在中国人的生活之中。

下辈子	来世
AA制	割り勘
抢着	争うようにして、我先に
乐于助人	喜んで人助けをする
待人热情	真心をこめて人と接する

中国人の考え方の中で、「報」は重要な概念です。

こういった考え方は「良いことをすれば良い報いがあり、悪いことをすれば悪い報いがある」という因果の観念によります。悪人が不運な目にあえば中国人は「因果応報だよ」と言うでしょう。一方、良い行いを続けている人がいれば、「徳を積んでいる」「修養している」と言います。その人が受けるべき「良い報い」は現世に現れるかもしれないし、来世に現れるかもしれないし、子孫に現れるかもしれません。このように、予想外の良い出来事や不思議な巡り合わせに出会ったとき、「前世の修養のおかげ」と考えます。こういった世界観は、努めて良い行いをし、善人になろうとする原動力となります。宗教の影響があまり強くない中国では、このような世界観が中国人の道徳観の基礎の1つとなっているのです。

「報」とは、運命と人間の間に起こるだけでなく、人と人の間にもあるものです。もちろん、「報」を受ける前には「施」を行う、つまり人に与える必要があります。「施」と「報」は、中国人が人間関係を考えるときの重要な思考モデルです。

例えば、親子関係を見ましょう。父母は子どもを学校に通わせるだけでなく、結婚のために家や車を準備し、孫の面倒も見ます。一方、子どもはなるべく孝行して、これらのことに報いようとします。こうして、若者は結婚後もよく両親の家で食事をし、その関係はかなり親密です。これは大陸も台湾も同様です。

親戚づきあいでは、「施」と「報」の関係も大切なものです。例えば、結婚の際のご祝儀、旅行から戻ったときのお土産なども、わりと高価な物です。

中国人のいう「家では父母に頼り、外では友達に頼る」とは、友人間のつきあいを大切にし、気前よくしようという教えなのです。最も基本的なのは、友達同士で食事するとき、割り勘をせずに争って自分が払おうとすることです。人に親切にしておけば、客観的に見ると自分に有利になります。

こういった「施」と「報」のモデルは利己的な面もあるものの、人を手助けし、心を込めて接し、ひいては自己犠牲を払うことにさえつながります。それは中国人の生活の中に深く根付いているのです。

谁都照顾老人吗？

日 最近我们单位有的同事为了家中老人休护理假，中国也有这种制度吗？

中 这要看公司。中国本来是孩子跟父母同住，照顾老人的情况比较多。不过现在出现了许多"空巢老人"的现象。

日 "空巢老人"是什么意思？

中 就是孩子外出工作，只剩下一对老夫妻或一位老人生活的情况。在中国，有人能请长假回家探亲，最近孩子要常回家探亲这一点还写进法律条文里了。

日 真的？ 不过，中国由于有独生子女政策，1个孩子要负责照管4个老人，忙得过来吗？

中 所以大家都说以后养老服务的需求会越来越大。还有，现在独生子死去的所谓"失独家庭"问题也越来越受到关注。

日 独身子早逝的话，父母年迈后真是寂寞啊。生活上也很困难吧。

中 是的。最近中国结束了独生子女政策，所有夫妻都被允许生二胎。这样一来，在失去独生子的父母中，就有人联名告国家。当然这是比较极端的例子。

日 日本跟中国一样即将迎来老龄化社会，养老问题都很棘手啊。

みんな親の面倒を見てるの？

日 最近、同じ職場の人が介護休暇を取ったんだけど、中国にもそういう制度はあるの？

中 会社によるね。もともと中国では、子どもが年をとった両親と同居して世話をする場合が多かったんだけど、近年は「空巣老人」が増えているからね。

日 「空巣老人」ってどういうこと？

中 子どもが仕事などで家を離れてしまって、夫婦だけ、あるいは一人で暮らしている老人のことだよ。中国では、両親に会うための帰省には長めの有給休暇が取れる人もいるけど、最近は子どもが頻繁に帰省して親の面倒を見るように、法律の条文にも盛り込まれたんだよ。

日 そうなの？　だけど、中国は一人っ子政策だったから、１人の子どもが４人の親の老後の負担をすることになって、大変じゃないの？

中 だから、今後は老人介護サービスの需要が高まるといわれているよ。それから、実は今は、一人っ子が亡くなってしまった「失独家庭」の問題も注目されているんだよ。

日 一人っ子が亡くなってしまったら、残された両親の老後は本当に寂しいし、生活の面でも困るでしょうね。

中 そう。最近、中国は一人っ子政策をやめて、すべての夫婦が２人の子どもを持つことを認めたでしょう。それで、一人っ子を亡くした親たちの中には、国に集団訴訟を起こした人もいる。もちろん極端な例だけどね。

日 日本も中国もこれから高齢化社会だから、老後の問題はお互いに大変だね。

48 「面子」って何？
什么是"面子"？

　　中国人常提起"面子"这个词。"面子"就是别人看到的表面部分，它的反义词是"里子"。

　　面子离不开里子。比如说，你住宾馆，选一个经济实惠的房间，就是重"里子"。但如果你觉得这样有失身份，一定要一个豪华房间，这就是重"面子"。

　　再比如说买东西时，你觉得对方出的价格太高，但是又不好意思说钱的事情，就买了下来。这也是要面子。有时，"面子"观念可以帮助人不去做有利于自己的坏事。有人说"连面子都不要了，那他什么都做得出来。"就是这个意思。

　　"面子"就是脸，是给别人看到的，而看你脸的人往往是一个圈子里的人。就是说，所谓"要面子"就是强烈地意识到自己的亲戚、同事怎么看自己。所以常说"在亲戚朋友间没面子"。

　　至于怎样做才有面子是需要学习的。比如说，买大的电器，还是买小的电器更会让亲戚朋友觉得好，更有面子，这都受到流行的左右。

　　再比如"上下级关系"。本来没有一个合理的理由一定要让长辈先走进房间，先动筷子。但是我们这样做，就给长辈"面子"了。问题是有些作法并不符合规定，但因为对方是领导、是亲戚，考虑到"面子"，就为他们做了。这是"面子"观念带来的负面影响。

　　还有请客吃饭时，要尽量满足对方的需求。特别是对方还有别的朋友在场的话，如果点的菜很贵很好，对方就有面子。如果没有朋友的话，简单一些也可以。

　　"面子"与待人热情有时是很难区分的。如果把热情都视为"面子"的话，这个世界就太冷淡了。

经济实惠　　　　経済的で手頃である
圈子　　　　　　グループ、範囲
负面影响　　　　マイナスの影響

中国人はよく「面子」という言葉を使います。「面子」とは、人から見える表面的な部分であり、その反意語は「裏子」です。
　「面子」と「裏子」は表裏一体のものです。ホテルに泊まるとき、経済的で手ごろな部屋を選んだなら、「裏子」を重視したことになります。そうすれば体面を失うと思い、どうしても豪華な部屋に泊まりたいなら「面子」を重視しているのです。
　例えば買い物の場合、提示された値段が高すぎても、お金のことを口にするのが恥ずかしくて、言われたままに買ってしまうとすれば、これも「面子」にこだわったのです。時には「面子」という観念があるために、人は自分に有利でも悪事をしないことがあります。「面子さえ捨てることができれば、どんな悪いことでもできる」というのは、この意味です。
　「面子」とは顔であり、他人に見せるものです。その人の顔を見るのは、一定の交際範囲の人であることがほとんどです。つまり、いわゆる「面子にこだわる」とは、自分の親類や同僚からどう見られるかを強く意識することです。そのため、よく「親戚や友人に面子が立たない」と言います。
　どのようにすれば「面子」が立つのかは、周りを見て考える必要があります。例えば、大きな電気製品か、それとも小さい電気製品を買ったら親戚や友人によりよく思われ、面子が立つのか。それは流行に左右されるでしょう。
　また、例えば「上下関係」を考えてみましょう。本来なら、年長者が先に部屋に入り、先に料理に手をつけてもらうことに合理的な理由は存在しません。それでもこのようにすると、年長者の「面子」を立てたことになるのです。問題は、規則に反するにもかかわらず、相手が上司や親戚なので、「面子」を考えてそうしてしまう場合です。これは「面子」という観念がもたらすマイナスの影響です。
　また、人にご馳走するときには、できるだけ相手の希望に応えようとするでしょう。特に相手のほかの友達も同席している場合、注文した料理が高くて品質が良ければ、相手の面子が立ちます。ほかの友達がいなければ、少し控えめでもいいのです。
　「面子」と相手を喜ばせたいという気持ちは、時には区別しがたいものです。もしもそれをすべて「面子」だと考えてしまったら、世界はきっと味気ないものになるでしょう。

情人节里女人也要争面子？

日 欸，中国人过情人节时，男士给女士送花吧。听说有人竟把玫瑰花送到单位，真有这种事吗？

中 有啊。感情不能只向本人表白，要让周围人全知道，那她才有"面子"啊。

日 在日本的话，要是把花送到单位，本人会很害羞的，有时太高调了，会被人欺负的啊（笑）。

中 中国正相反，没收到花的女生反而被认为"没男朋友"，丢面子，所以有人还会要男朋友送呢。

日 在日本的学校里，也会比哪个男生收到女生的巧克力多，一块也没拿到的人会垂头丧气的。大概跟这个差不多吧。不过在单位这样的话太孩子气了，没人这样。

中 不是说日本在单位里也要送"人情巧克力"，面子也要公平地给吗？

日 这倒也是。那中国人不送"人情玫瑰"吗？

中 没有没有（笑）。爱情跟面子都只能给真命天子啊。

バレンタインは「女の面子」がかかってる？

日 ねえ、中国のバレンタインデーでは、男性から女性にプレゼントをするんでしょう？ バラの花束を職場に送る人もいるって聞いたんだけど、本当なの？

中 そうだよ。本人だけに気持ちを伝えるんじゃなくて、周りの人にも分かるように形で示してこそ、彼女の「面子」が立つんだよ。

日 日本だったら、もし職場に花束が送りつけられたら恥ずかしいし、場合によっては目立ちすぎてイジメにあうかもね（笑）。

中 逆に中国だと、花束が送られてこない女の子は「彼氏がいない」ってことになって、ちょっと肩身が狭いから、彼氏に送らせる人もいるよ。

日 日本でも、学校では男子が女子からもらったチョコレートの数を競ったりして、1つもなかった子は寂しい思いをするから、それに似ているかなあ。さすがに職場では大人気ないから、そんなことしないけど。

中 でも、日本には職場でも「義理チョコ」があるから、誰にも平等に面子が立つようにしているんでしょう？

日 そうだね。じゃあ、中国では「義理バラ」はあるの？

中 それはない（笑）。愛情も面子も本命にしかあげないから。

49 中国人の行動パターンは不安定な環境と関係がある？
做事方法与不安定的环境有关？

通过全书，你大概可以了解到，中国的近现代史是很动荡的，现代生活也不断在变化，相对日本来说，大环境是不安定的。

如果你的孩子即将面对一个不安定的社会，你会怎样教育他呢？教他遵守规则，还是临机应变？ 在中国，学校注重教育孩子遵守规则，但家长在有形无形中还是会教孩子善于对付变化，增强他的生存能力。

就拿过马路来说吧。中国有不少人闯红灯。这样一来，绿灯时，也需要确认一下旁边有没有车开过来，再往前走比较好。自己要对自己负责。

这一点表现在工作上，就是下级有一定的自主权安排自己的工作。而不需要事事向上级汇报。上级更重视结果，而不是过程细节。勇于承担风险的人可能会比较喜欢这种作法。

也由于不安定，中国人旅游前不喜欢把一些细节过早地定下来，因为这样无法按自己的心情来游玩。而在工作中，事无巨细按部就班会妨碍自己寻找到最好的答案。

也由于不安定，谁都不知道将来是好是坏，那么多说好事，在心理上比较有利吧。探望病人时多说"会好的"并不需要医学上的根据。工作上多说"没问题"，表示自己会尽力而为。而听到这些时，只要接受对方的善意就可以了。

由于不安定，家长会对孩子说："在家靠父母，出门靠朋友"，就是要让周围的人成为你的朋友。中国人一般是比较乐于向对方表示友好的，或者称兄道弟，或者通过干杯、赠送贵重的礼物，还有请人吃饭。这都是因为中国人深深懂得，在这个不安定的世界上，好的人际关系对人生总是有帮助的。

大环境	人間を取り巻く社会環境
闯红灯	赤信号を渡る。信号無視をする

この本の全体を通じて、おおよそ理解していただけたでしょう。中国の近現代史は波乱に満ち、現代生活も絶えず変化し、日本より社会環境も不安定です。
　もしもあなたの子どもが不安定な社会に直面していたら、どのように教育しますか？　規則を守るのか、それとも臨機応変であることを教えますか？　中国では、学校では生徒が規則を守ることを重視しますが、親たちはやはり意識的に無識的に、我が子がうまく変化に対応できるよう、生存能力を鍛えようとしています。
　道路を渡ることを例に取りましょう。中国では信号無視をする人が多いです。そうすると、青信号のときでも、周りに車がやって来ないか確認してから進む必要があります。自分で自分に責任を持たなければなりません。
　この点は仕事にも表れており、部下は一定の裁量を持って仕事を行い、上司にいちいち報告する必要はありません。上司は細かいプロセスより、結果を重視します。リスクを引き受ける勇気のある人は、こういった方法を好むかもしれません。
　不安定であるがゆえに、中国人は旅行でも細かい部分を先に決めるのを好みません。自由に観光できないからです。仕事でも、何でも決められたとおりにすれば、自ら最適な答えを探し出すことが難しくなります。
　不安定であるがゆえに、将来が良くなるか悪くなるかは誰にも分かりません。それなら前向きなことを言った方が、心理的にプラスになるでしょう。病人のお見舞いで「治りますよ」と言うのに、医学的な根拠はいらないでしょう。仕事でもよく「問題ありません」と言うのは、自分が力を尽くすという意味です。こういった言葉を耳にしたら、相手の善意を受け取ればそれでいいのです。
　不安定であるがゆえに、親たちは我が子に「家では父母に頼り、外では友達に頼る」ことを教えます。周囲の人を友人にしておくようにという意味です。中国人は一般的に、相手に好意を示すことをためらわず、例えば兄弟だと言ったり、乾杯をしたり、高価な贈り物をしたり、食事をご馳走したりします。これらはすべて、この不安定な世の中で円満な人間関係が人生の助けになることを、中国人はよく心得ているからなのです。

飞机晚点也不像日本人那样慌张

日 前些日子，在中国的机场，飞机晚点了好几个小时，没想到中国人那时都很镇定。日本人急得很，一会儿问什么时候起飞，一会儿给家里人和公司打电话。

中 啊，那时急也没用啊。要是有相当紧急的安排，那就自己想别的办法吧。

日 是吗。工作的时候，也会不拘泥于定好的方针，随时改变工作程序吧。好像备忘录也不太写的吧。

中 备忘录有时也会写，但不像日本人那么较真儿。而且也要看是什么会议。不一定被写在备忘录上的内容绑住手脚，会随机应变地考虑问题。

日 定好的事情随便改的话，不会影响一起工作的人吗？

中 事情都会发生变化，彼此之间可以互相谅解的嘛。而且顺应变化，效率会更高。想出更好的主意就试一试，不是更好吗？

日 那倒也是。在日本，一般最好什么事都跟公司领导、同事仔细地磋商。

中 在中国公司里，事无巨细都报告、征求意见的话，别人会想"你不能自己拿主意吗？怎么都来问我？"这反而会让人觉得缺乏能力。

日 看来工作方法也受文化影响啊。

飛行機が遅れても日本人ほど慌てないような気がするけど？

日 この前、中国の空港で飛行機が何時間も遅れたんだけど、中国の人ってそういうとき、わりと落ち着いているね。日本人はすぐ焦って、いつ飛ぶのか知りたがったり、家族や会社に電話したりするけど。

中 ああ、そういう時は焦っても仕方ないよ。よほど緊急の予定があれば、自分で何とか別の方法を考えようと思うけど。

日 そうなんだ。仕事のときでも、決まったことにこだわるより、その場の流れで変える方だよね。議事録とかもあまり書かないし。

中 まあ、議事録は書くこともあるけど、日本人ほど几帳面には書かないね。それに、どんなレベルの会議かにもよるね。議事録に書いたことに縛られないで、わりと臨機応変に考えているかもしれないね。

日 一度決めたことを守らなくて、ほかの人が混乱することはないの？

中 何事も決めたとおりにはいかないのは、お互い様だよね。その場に合わせて変えた方が効率的だし、もっといいアイデアを思いついたら、実行したらいいんじゃないかなあ。

日 まあね。日本では会社の上司や同僚とはお互いによく相談した方がいいっていう考え方なんだけど…。

中 中国の会社では、何でも報告したり確認したりしていると、「自分で判断できないの？ どうして聞くの？」って思われて、かえって能力を疑われる場合もあるからね。

日 仕事のやり方も文化によって違うんだね。

50 決まり事をどう考えている？
怎么看待规则？

在不安定的环境中，中国人是怎么看人与人之间的约定、规则的呢？

中国人看上去很直爽，但是心里常常顾及情面，难以拒绝亲戚朋友的请求，即使难以办到，嘴上也会说："好的好的，试试看"。请求的人也知道，所以过一阵子就会确认一下："那件事怎么样了？"

如果这样问一个日本人，他大概会想，我们不是约好了吗，为什么再问？在日本人看来，约好之后再催促会显得没有礼貌。原因可能在于日本人答应对方时比较谨慎，做不到就会尽早说出来。

如果失约，中国人会怎么做呢？许多人会说明理由，求得对方谅解。比如说睡懒觉了，或者交通车晚点了。其实说话人在区分责任之所在。这种情况下善于说明的人比较有利。这时日本人大概希望的是对方道歉，而不是听理由，区分责任，所以善于说道歉话的人比较有利。

对于讲得很明确的事，多数中国人会觉得，不被禁止的事意味着可以做。不仅自己，对别人也持这种态度。所以万一自己事先没说好，结果导致自己损失，这时即使心里懊悔，也无法指责对方，下次汲取教训就行了。

而日本人大概会觉得，不说可以做的事情就意味着不可以做。所以有些事，其实没有明确规定，但日本会觉得"当然"不可以做，或者"当然"应该做，所以善于揣摩规矩、默识的人会比只看规则的人容易生存。

因为一切会变化，中国人倾向于事先讲好条件，以及出问题后的责任所在。中国人这时会说："丑话说在前面"。把"丑话"说出来是伤感情的，谁都不愿意这样做。但是它能帮你减少日后不必要的麻烦，所以许多中国人学着这样做。

直爽	率直である
顾及情面	人の気持ちに気を配る
懊悔	悔やむ
揣摩	推察する
默识	暗黙の了解

不安定な環境の中で、中国人は人と人との約束や、決まり事をどう考えているのでしょうか？
　中国人は一見、率直ですが、心の中では常に人の気持ちに気を遣っています。友達や親戚の頼みは断りにくく、たとえ実行できなくても、口では「いいですよ、やってみましょう」と言うことがあります。頼み事をする人も分かっているので、しばらくすると「あの件はどうなった？」と確認するのです。
　もし日本人にこんな質問をしたら、相手は「もう約束したのに、なぜいまさら聞くの？」と思うでしょう。日本人からすれば、約束した後に催促するのは失礼にあたります。日本人は相手の頼みを受けるのに慎重なので、無理なら早めに言うからでしょう。
　もし約束を守れなければ、中国人はどうするか？　多くの人は、理由を説明して相手に許しを求めます。例えば寝過ごしたとか交通機関が遅れたとか。実はこれは、責任の所在を明確にさせるためです。この場合、説明が上手い人が有利です。一方、多くの日本人が望むのは相手が謝ることであり、理由や責任の所在を聞くことではありません。そのため、謝り上手な人が有利です。
　はっきり決まっていることについては、大多数の中国人は、「禁じられていないことはやってもよい」と考えています。自分だけでなく、他人にもこのような態度を取ります。そのため万一、自分の説明不足で損をしたならば、内心では悔やんでも相手を責めることはできず、次に教訓を生かそうと考えるのです。
　一方日本人は普通、「許可されていないことはやってはいけない」と考えます。そのため、ある物事がはっきり決まっていなくとも、「当然」やってはいけない、または「当然」そうするべきだと考えます。そのため、しきたりや暗黙の了解を察するのに長けた人は、規則しか見ない人より生きやすいのです。
　一切が変化しやすいために、中国人は先に条件や、後で問題が生じた場合の責任の所在をはっきりさせておく傾向があります。中国人はこんな場合、「悪い話を先にしよう」と言います。「悪い話」を持ち出すのは気まずいので、誰もそうしたくはありません。しかし、そうすると後々の不必要な面倒を減らすことができるため、多くの中国人はこうするようにしているのです。

半年后的事无法约定

日 我要去中国出差,半年前约好去拜访一个客户,可是要去之前打电话确认时,对方惊讶地说:"你真的来吗?"这是常有的事吗?

中 是啊。半年之后的约定是不容易遵守的吧。双方的情况都在变。对方大概会想,真的要来的话,反正来之前会再次联系的。所以你定下来拜访客户后,再确认一次就会很顺利了。

日 这么说也挺有道理的。不过相反,中国人有时会特别守信用。

中 嗯,比如说什么时候啊?

日 前些年客户公司的人来日本,因为年龄差不多,聊天时我随便说了一句,我想有一天去某个地方。后来我去中国出差,没想到她利用休息天真的带我去了。都过去好几年了,我自己早就忘了。

中 这也要看人的。不过中国人真的很重私人交情的。

日 是吗。经过那次"惊喜",我跟她成了特别好的朋友。

半年も先の約束はできない？

日　中国出張するから、半年前に訪問先の会社にアポイントをとったんだけど、直前に確認の電話をしたら、「本当に来るの？」って驚かれちゃって。そういうこと、よくあるの？

中　そうだなあ。半年も後のアポなら、確約できなかったんじゃないかな。お互いに状況がいろいろ変わるからね。本当に来るなら、もう少し近くなって、もう一度連絡が来るだろうと思っていたのかもしれないよ。相手を訪ねる予定がはっきりしてから確認しておけば、スムーズに行ったかもね。

日　そう言われれば、そうだね。でも逆に、中国の人って、約束にとても律儀なところもあるよね。

中　そうだね。例えばどんなところが？

日　前に取引先の企業の人が日本に来た時、同じ世代の人だったから、雑談でなんとなく「いつか○○に行きたいんですよね」って言ったの。そしたら次の出張の時、休みの日に本当に連れて行ってくれたのよ。何年も経っていたから、私の方が忘れてたくらいなのに。

中　人によるけど、そういうプライベートなことも、中国人はけっこう大事にするね。

日　そうなの。そのサプライズで、彼女とはすっかり仲良しになっちゃった。

■著者プロフィール

林 松濤（リン・ショウトウ）
中国語教室・翻訳工房「語林 (http://go-lin.com)」代表。また拓殖大学でも教鞭をとる。瀋陽生まれ、上海育ち。復旦大学で物理、同大学院で哲学を学び、1995年に来日。東京大学大学院で思想史を研究、博士課程修了。著書に『ビジネスメールの中国語』(三修社)、『つながる中国語文法』(ディスカヴァー・トゥエンティワン)、『シンプル公式で中国語の語順を制す』(コスモピア) などがある。

王 怡韡（オウ・イイ）
上海の大手日系企業に勤務。上海生まれ、在住。首都大学東京大学院日本語教育学研究科博士前期課程修了。研究テーマは日中言語対照。日本中国両国で、中国語教授経験あり。著書に『シンプル公式で中国語の語順を制す』(共著、コスモピア) がある。『ビジネスメールの中国語』(三修社) の編集にも参加。大の日本好きで、日本の漫画やアニメに精通。

舩山明音（ふなやま・あかね）
中国書籍専門書店・出版社を経て、編集者・翻訳者として活動。広島大学文学部文学科卒業。専攻は中国語学・中国文学。HSK6 級。訳書に『中国出版産業データブック vol.1』(共訳、日本僑報社) がある。

■取材協力
泉川友樹、牛込恒、宇野浩司、遠藤香織、杉江隆司、重松なほ、橋本健太

日本人が知りたい中国人の当たり前
中国語リーディング

2016 年 9 月 20 日　第 1 刷発行
2020 年 11 月 20 日　第 3 刷発行

著　者　林 松濤
　　　　　王 怡韡
　　　　　舩山明音
発行者　前田俊秀
発行所　株式会社 三修社
　　　　〒 150-0001　東京都渋谷区神宮前 2-2-22
　　　　TEL03-3405-4511　FAX03-3405-4522
　　　　https://www.sanshusha.co.jp
　　　　振替 00190-9-72758
　　　　編集担当　安田美佳子
印刷所　株式会社平文社

© Ling Songtao, Wang Yiwei, Akane Funayama
ISBN978-4-384-05852-9　C1087

JCOPY 〈出版者著作権管理機構 委託出版物〉
本書の無断複製は著作権法上での例外を除き禁じられています。複製される場合は、そのつど事前に、出版者著作権管理機構（電話 03-5244-5088 FAX 03-5244-5089 e-mail: info@jcopy.or.jp）の許諾を得てください。

本文・カバーデザイン：ブレインズ・ラボ